북해도에서
보낸 여름방학

조인숙, 김민소, 김민유 여름을 공유하다

The Summer
Vacation in
Hokkaido

등장인물

◢ **정신없는 엄마**
가족 중에 가장 늦게 하루를 시작하는 잠꾸러기, 게으름뱅이 엄마지만 여행만 가면 힘이 나고 부지런해진다.
특징 _ 영어는 못하지만 어디든 잘 다닌다. 길을 잘 헤맨다.

◢ **아들 같은 딸 1(Minso)**
13세. 체육시간만 되면 모든 의욕을 상실한다.
하지만 여행에선 숨겨놓은 에너지를 발산하여 동급최강의 체력을 자랑한다.
특징 _ 자기 짐은 자기가 들고 더불어 동생 짐까지 들어준다. 아이스크림만 흡입하면 힘이 난다.

◢ **달릴 때만 힘이 나는 딸 2(Minyu)**
5세. 여리고 약한 외모는 아닌데 100m만 걸으면 힘이 든다며 안아달라고 한다. 대신 기분이 내킬 땐 엄청 씽씽 달린다.
특징 _ 잘 삐친다. 꽃받침 포즈를 좋아한다.

북해도 여행 키워드

엄마 _ 공원, 노구치, 라벤더, 작은 숍.
민소 _ 마켓, 멜론, 미술관, 아이스크림.
민유 _ 놀이터, 인형, 쇼핑+쇼핑.

Travel Map

도기는 북해도의 상징인 별.

북해도

일본은 크게 네 개의 섬으로 구분되는데 그 중 최북쪽에 있는 섬이 북해도(홋카이도 ほっかいどう)이다. 개인적으로 '홋카이도' 라는 일본식 발음보다 '북해도(北海道)' 라는 한자어의 어감이 시적이고 따뜻하게 느껴져서 선호하게 되었다. 러시아의 시베리아, 사할린과 인접해 있고 제2차 세계대전 중에는 탄광, 광산개발로 많은 한국인들이 강제징용되기도 했다.

북해도는 아이누족 북방계 몽골인이 이주해 토착민이 되었다고 한다 의 땅이었는데 15세기경 일본인이 진출하였다. 메이지시대 이후 대규모 개척사업으로 도시를 재정비하였고 많은 일본인들이 이주해 살았다. 다른 지방에서는 볼 수 없는 광활하고 웅대한 자연이 특징으로 원주민인 아이누족의 풍습과 미국식 도시계획이 묘하게 어우러져 타지역과는 다른 이국적인 모습을 선사한다. 그래서인지 일본 내에서도 독자적인 지방행정구역으로 분류되고 있다.

북해도의 지명은 일본어와 어감이 다른 것을 느낄 수 있는데 그것은 대부분 아이누어에서 유래되었기 때문이다. 예를 들면 '삿포로' 는 아이누어인 '삿포로펫' 에서 유래되었고 뜻은 '마르고 광대한 대지' 이다.

🔸 아이누어에서 유래된 북해도의 지명.
삿포로 어원: 삿포로펫(Sari poro pet). 뜻: 마르고 광대한 대지.
비에이 어원: 피이에(piye). 뜻: 기름기가 도는 강, 흐린 강.
비바이 어원: 피파오이(pipa-o-i). 뜻: 까마귀 조개가 많이 서식하는 늪.
후라노 어원: 후라누이(huranu-i). 뜻: 용암과 불에 달군 돌이 많은 곳,
　　　　　냄새나는 불꽃.
노보리베쓰 어원: 누푸루펫(nupur-pet). 뜻: 색이 짙은 강.
모에레누마 어원: 모이레페츠(moire-pet). 뜻: 조용한 수면.

Contents

006 등장인물
008 Travel map
010 Contents
014 Prologue
016 북해도 준비 01 가장 큰 준비는 마음의 준비
020 북해도 준비 02 미리 준비한 기념품
021 북해도 준비 03 짐싸기
022 북해도 map
024 지루하지 않게 여행하는 방법 가능한 미션들
025 꼬맹이 미션 미끄럼틀 찾기
026 언니 미션 조각작품 찾기
027 자매 미션 스탬프 모으기

1 Sapporo 먹고 놀고 뛰고

030 삿포로 정보
032 삿포로 map
034 창밖 풍경이 예쁜 숙소는
036 민유는 벌써 다 샀어 달라도 너무 달라
038 쿠키 만들기 머나먼 여정
042 Shiroi Koibito Park 시로이 코이비또 파크
044 살림놀이 먹는 게 남는 것
046 행복한 장보기 Local food
048 Kita Kitchen 기타키친
049 Daimaru Hoppe town 다이마루 식품관
    Maruyama class 마루야마 백화점 델리
050 삿포로는 축제 중 한여름의 오도리 공원
053 Odori Park 오도리 공원
054 하루의 마무리는 나카지마 공원에서
056 Nakajima Park 나카지마 공원
057 Sousei River Park 소세이가와 공원
058 노는 것이 남는 것 지사 공관
059 Governor's Official Residence
    지사 공관
060 Moerenuma Park 모에레누마 공원
066 Arte Piazza 야스다 칸을 찾아서
068 Arte Piazza 아르테 피아짜 비바이
070 엄마는 힘이 없어 그래도 똑같이 사랑해
072 Minso's diary

2 Sapporo 동네 한 바퀴

076 샤갈의 오페라하우스 분배정책
077 북해도립 근대미술관
078 산책하기 좋은 동네 마루야마
080 Barnes 반스 / JETSET 제트세트
081 Maruyama map
082 Sabita 사비타
084 Miyanomori Art Museum 미야노모리 미술관
085 Press 프레스
086 MORIHIKO 모리히코
088 토끼야 어디 숨었니? 마루야마 동물원
093 Sapporo Maruyama Zoo 마루야마 동물원
094 달콤한 시간 속으로 삿포로 스위츠
095 삿포로 스위츠 대회 / 삿포로 스위츠 카페
096 benbeya 벤베야 / Northern Terrace Diner 노던 테라스 다이너
097 Kino cafe 키노 카페 / GODIVA 고디바
098 혼자만의 휴식 소량의 알코올과…
100 Black Slide Mantra 블랙 슬라이드 만트라
101 아이들의 북해도
102 북해도의 작가들. 이사무 노구치
103 야스다 칸 / 아베 히로시 / 오바 히로시
105 Minso's diary

3 Furano Biei 보랏빛 향기

108 후라노 정보
109 비에이 정보
110 후라노, 비에이 map
112 라벤더 익스프레스 또 다른 여행
114 퍼플향 가득한 후라노 킷센의 다다미방
118 Farm Domita 팜 도미타
120 Furano Cheese Factory 후라노 치즈농장
124 바람을 맞으며 천천히 노롯코열차
126 눈이 맑아지는 비에이라는 곳
133 拓真館 타쿠신관
134 남이 차려준 밥이 제일 맛있어 Hotel Hotel
136 Minso's diary

4 Otaru. Noboribetsu

140 노보리베쓰 정보
141 노보리베쓰 map
142 노보리베쓰 민유야, 너 지옥 갈래?
143 다이이치 타키모토칸
145 지옥계곡
147 쿠마야마 곰목장
150 오타루 정보
151 오타루 map
152 가까워서 좋은 오타루 음악이 흐르는
153 Youkobo 오르골 수제 공방
156 프레스 카페 / 비브레 사 뷔 플러스 미유
151 Bird cage 버드 케이지 카페
158 Re:OP OKAGAWA PHARMACY
160 Otaru Music Box Museum
   오타루 오르골당 본관
161 Kitaichi Glass Hall 기타이치 가라스 홀

5 Sapporo 함께 즐기기

166 서점에서 사라진 아이들 자매의 시간
167 Kinokuiya Books 기노쿠이야 서점
168 함께 즐길 수 있는 공간. MUJI 무인양품
169 TOKYU HANDS 도큐한즈
    Big camera 빅 카메라
170 Actus kids 아쿠타스 키즈
    ILLUMS 일룸스
171 B.C.S 비씨에스
172 D&DEPARTMENT 디앤디파트먼트
174 十一月 십일월
175 Siesta 시에스타
176 Fabulaous 패뷸러스
178 Kusaka 쿠사카 회사
179 Kanariya 카나리야 본점
180 북해도 음식들. 니조이치바 니조 시장
181 たけ江鮨 타케에 스시
    soup curry yellow 스프 카레 옐로우
182 피핀 d&d카페

185 だるま 本店 징기스칸 다루마
186 자매의 시간 기차에서
188 자매의 시간
    여행을 통해 부쩍 자란 아이들
191 Minso's diary
194 집으로 오는 길 우리 동네
196 Present for us
198 여행을 마치고
200 Epilogue
202 Index

Prologue

북해도의 이미지는 이와이 순지의 영화 〈러브레터〉의 끝없는 설원으로부터 각인되었다. 하얀 눈밭에 서서 하염없이 사랑하는 이에게 안부를 묻던 히로코. 친구들보다 일찍 결혼을 했던 나는 스물아홉에서 서른으로 넘어가는 겨울, 남편과 세 살배기 민소를 두고 혼자 삿포로와 오타루를 다녀오겠다고 선언했다. 그곳에서 영화 속 히로코가 되어 맘껏 외로움에 파묻혀 서른의 추운 겨울을 홀로 보내겠다는 꿈에 젖어 있었다. 그런데 여행을 떠나기 한달 전 집안에 갑자기 예기치 못한 사건이 터졌다. 덕분에 나의 서른잔치는 시작은커녕, 맥도 못추고 풍파 속으로 사그라들고 말았다.
그 뒤 몇 해 동안은 너무 바빠서 내 나이를 잊고 살았다. 더불어 북해도라는 단어도 자연스레 잊혀졌다.

이번 여행을 위해 항공권을 끊고 숙소를 알아보던 중에 갑자기 예전에 오타루의 숙소를 알아보던 그때가 생각났다. 지금 내 나이가 서른아홉이니 지금으로부터 딱 십 년 전이구나. 그때와 다른 점이 있다면 딸이 한 명에서 두 명으로 늘어났고 내 눈가엔 주름이 자글거린다. 그렇게 좋아했던 겨울도, 눈도 더 이상 내게 큰 의미가 아니다. 사실 이건 둘째 낳고 산후조리를 잘못해서 급격하게 추위를 많이 타는 체질로 바뀐, 냉혹한 현실이 숨어있다. 이제 발열 내의 없이는 겨울을 보낼 수가 없다. 덕분에 서른아홉의 나는 설원의 로망따위는 잊은지 오래된 아줌마가 되었다. 그런데 이런 생각을 하면서도 그리 억울하거나 서럽지 않은 건 지나온 십 년 동안 '엄마로서 느끼는 기쁨과 행복이 훨씬 컸기 때문이리라' 라며 애써 위안을 삼아본다.
주위 사람들에게 아이들과 북해도에 간다고 말하면 처음엔 잘 모르다가 "오겡끼 데스까(러브레터 속 대사)"를 언급하면 "아, 거기! 그런데 거기는 겨울에 가는 곳 아니야?"라는 반응을 보였다. 나 역시 예전에는 북해도 하면 겨울이라는 이미지를 제일 먼저 떠올렸다. 그런데 일본에서 살다온 지인의 말을 듣고 북해도의 의미가 달라지기 시작했다. 위도 상 북한보다 더 위쪽에 자리한 북해도는 일단 여름에 덥지 않고 무엇보다 자연이 잘 보존되어 있단다. 그래서 일본 내에서는 겨울뿐 아니라 여름 피서지로도 각광을 받는다고 한다. 우리나라로 치면 강릉+제주도 정도될까? 거리도 한국과 가깝고 북해도의 중심지인 삿포로는 도쿄에 비해 물가도 싸다고 했다. 매해 여름휴가도 반납하고 바쁘게 일하는 남편도 세시간 거리인만큼 주말에 잠깐 다녀갈지도 모른다. 결정적으로 후라노의 라벤더농원 사진이 나와 민소의 마음을 동하게 했다. 몇몇 지인들은 민소도 이제 6학년인데 방학 때 중학교 선행학습을 해놔야한다며 걱정의 눈초리를 보내기도 했다. 그렇지만 나는 방학을 방학답게 보내는 것(제대로 노는 것)이 아이들의 소임이라 생각한다. 사실 민소의 공부는 내겐 걱정도 아니였다. 진짜 걱정은 바로…

그건 바로 네 살 된 둘째 꼬맹이 민유. 듬직한 언니인 민소와는 다르게 엄마 껌딱지에다가 원하는 것, 갖고 싶은 것, 해달라는 것 많은 동급최강의 떼쟁이다. 작년 겨울 가족끼리 다녀왔던 호치민 여행을 생각하면 사실 정신이 아찔하긴 했다. 아빠가 동참했음에도 불구하고 안아달라, 업어달라는 요구가 끊이지 않아서 우리 부부를 동시에 넉다운시켰기 때문이다. 이 아이와 함께라면 동네 마트에 다녀오는 것도 정신이 쏙빠지는 모험이 되고야 만다. 내 여행계획을 들은 친정엄마와 언니는 애들 아빠도 없이 아이 둘을 데리고 북해도를 가는 것은 절대로 '미션 임파서블' 이라며 정 가고 싶다면 민유는 외갓집에 놔두고 민소랑 단 둘이 다녀오라고 했다. 하지만 이번 여행의 목적이 아이들 둘이 보다 친해지고 가까워지는 시간을 보내는 것이었고 그래서 목적지도 민유를 배려해서 북해도(가깝고 한가로운 곳)로 정했다. 민유를 빼고 이번 여행을 간다는 것은 정말 안될 말이었다.

무슨 일이든 해보지 않고는 알지 못하듯, 가보지 않고는 알 수 없는 법.
무엇보다 나는 엄마가 아닌가!
여행길에 지쳐 쓰러지지 않기를 바라며…….

북해도 준비 01
가장 큰 준비는 마음의 준비

북해도 여행을 마음먹고 이것저것 알아보던 중에 삿포로시에는 홋카이도 국제학교 Hokkaido International School가 있는데 여름에는 썸머스쿨을 연다는 것을 알게 되었다. 가격도 적당하고 기간도 괜찮았다. 영어수업뿐 아니라 다른 과목을 함께 하며 예체능의 비중도 높았다. 또 홈페이지상으로 보니 캠퍼스도 그럴 듯 했다. 민소가 학교에 간 사이 민유랑 동네를 산책해도 좋을 듯 싶었다.

메일로 정확한 입학요건과 날짜를 학교측과 주고 받고 마침내 예약을 하려는데 민소가 주저했다. 낯선 일본아이들 사이에서 한달 넘게 지내는 것이 두렵다는 것이다. 내가 이런저런 장점들을 열거하자 민소는 마지못해 "잘 모르겠어, 엄마 맘대로 해"라고 했다. 어떡하지? 며칠간 고민을 하다가 그냥 썸머스쿨은 접기로 했다. 그래, 내키지 않는 것을 굳이 할 필요는 없지. 살아가는 데 있어서 영어는 부수적인 것이지 절대적인 것은 아니다. 모든 것은 때가 있듯이 아이도 때가 되면 그 필요성을 스스로 느끼고 노력할 것이다. 썸머스쿨은 다니지 않아도 된다고 말하자 그제서야 민소가 환하게 웃었다.
"엄마, 라벤더 꽃밭이 어디라고 했지? 우리 정말 거기 가는 거지?"
썸머스쿨 때문에 북해도 여행을 결심한 것도 아닌데 보름 넘게 학교 홈페이지를 들락거리며 메일을 주고 받다보니 맥이 풀렸다. 민소가 썸머스쿨을 다니면 한달은 삿포로, 한달은 주변 시골마을을 여행하려고 했었다.

그럼 무리해서 민소 학교를 결석시킬 필요없이 방학동안 딱 한달만 갈까? 그래 한달.
본격적으로 항공권을 예약하려고 보니 비행 조건상 체류기간이 한달인 것은 없고 15일짜리와 3개월짜리, 이렇게 두 가지가 있었다. 그런데 문제는 가격차이가 두 배라는 것. 어떻게 하는 것이 나을지 고민하다가 결국 친정엄마와 남편의 걱정(나 혼자 24시간 민유를 건사하는 것), 그리고 항공권 차액의 유혹에 넘어가고 말았다.

그렇게 기간은 보름으로 대폭 하향 조정되었다. 항공권을 끊고 슬슬 숙소를 알아보는데 예기치 못한 복병을 만났다. 처음 두 달을 계획했을 때는 유학생들이 자주 이용하는 레오팔라스(단기방 대여)를 생각했는데 보름으로 단축되니 다른 숙소를 구해야만 했다(레오팔라스는 체류기간 한달 이상일 때 가능). 그런데 삿포로에는 도쿄만큼 레지던스호텔이나 위클리맨션이 넉넉치 않았다. 일본 구글을 통해 겨우 찾은 위클리맨션 서너 곳엔 아무리 메일을 보내도 답장이 오질 않았다. 일본어에 능통한 지인에게 부탁해서 전화를 걸어보아도 메일을 확인하고 연락주겠다는 대답만 하고는 함흥차사. 나중에 들은 이야기인데 내가 메일을 보낸 곳들은 모두 내국인을 상대로 하는 곳이라서 외국인에게는 호의적이지 않다고 했다.
호텔은 가격도 비싸지만 무엇보다 애들에게 밥을 해먹일 수 없다는 단점이 있다. 보름내내 외식만 한다는 것은 엄마로서 정말 내키지 않는 일이다. 그러던 중 다행히 처음 알아보았던 위클리맨션에서 답메일이 왔다(사실 그 중에 가장 시설이 떨어져서 접어두었던 곳이다). 그나마 늦게 예약한 탓에 보름 중 열흘만 예약이 가능했다. 하는 수 없이 나머지 닷새는 시내의 호텔을 예약했다. 기왕 이렇게 된 것 호텔은 조금 비싸더라도 민소가 좋아하는 영국풍 호텔로 선택. 앗싸! 이렇게 숙소를 예약하니 더 이상 준비할 것이 없었다.
우리보다 조금 일찍 3박 4일 북해도 여행을 떠나는 후배는 철도패스 사전구입은 물론 시간대별로 관광노선 및 맛집 등을 엑셀로 촘촘히 짰지만 나는 그럴 생각이 없었다.

북해도는 남한의 5분의 4정도 크기의 엄청 큰 섬이다. 평상시에도 민유랑 대중교통으로는 일산에서 서울시내도 잘 안 나가는 나로써는 선뜻 이곳, 저곳 날짜예약을 할 수가 없었다. JR패스(일본 철도 패스)의 경우 한국에서 미리 구입하지 않아도 삿포로역에서 구입할 수 있으니 그때 그때 컨디션에 맞춰서 세부 계획을 짜는 편이 나을 듯 싶었다.
언제나 그렇듯 로컬피플처럼 그냥 유유자적 놀다오는 것으로 이번 여행의 목표를 정했다. 그리고 경험상 많은 계획을 짜도 다 실천하기 힘들고(사실 짠 적도 없지만) 정보는 언제나 현지가 가장 정확하고 많다고 믿고 있다.
그런데 막상 하루 전날이 되니 조금 걱정이 되었다.
너무 준비를 안했나?

대학 배낭여행 때 입국을 런던의 히드로 공항에서 했었다. 입국심사 시 어디에 머물 거냐는 질문에 무작정 "피카딜리 근처"라고 말했다. 사실 피카딜리가 어딘지도 몰랐지만 비행기에서 봤던 여행책자에서 런던의 중심지라는 글을 읽었기 때문이다. 그땐 숙소조차 생각하지 않고 런던에 도착했었다. 신혼여행으로 파리에 갔을 때도 마찬가지였다. 공항에서 한인 민박집에 전화를 걸어 방이 있다는 것을 확인하고 첫날은 그곳에서, 다음날부터는 파리 시내를 걷다가 세느강 근처 눈에 띄는 아담하고 전망좋은 호텔에서 줄곧 지냈더랬다.
6년전 민소와 3개월의 런던여정을 위해 또다시 히드로 공항에 도착했을 때, 숙소라고는 일주일간 머물 유스호스텔만 예약한 상태였다. 공항 인포메이션에서 유스호스텔 이름을 말하며 그곳까지 가는 버스를 물으니 공항직원은 직행은 없다며 지하철을 타고 가다가 중간에 갈아타야한다고 했다. 지금 돌이켜보면 공항에서 유스호스텔 가는 대중교통도 미리 알아보지 않았던 나를 이해할 수가 없다.
그래도 그렇게 대책도 세우지 않은 채 일단 떠나야겠다는 마음만으로 비행기에 오르는 것이 나의 장점이자 단점이 아닐까 싶다.
대책없는 낙관주의. 하하하…
종종 주위에서 여행 준비는 잘 되어가냐는 질문을 받을 때면 이렇게 대답하곤 한다.
"마음의 준비가 가장 큰 준비야."

북해도 준비 02
미리 준비한 기념품

관광지나 스팟 등의 정보를 검색하는 것에는 한없이 게으르고 태평한 반면 그곳에서 사용할 소소한 물건들을 만드는 것에는 정성과 시간을 투자하는 편이다. 그것을 나는 미리 준비하는 기념품이라고 한다. 물론 현지에서 마음이 동한 것들을 사고 추억하는 것도 좋지만 가기 전에 그곳에서 입을 아이들 옷이나 작은 액세서리를 만드는 것도 의미있는 준비라고 생각한다. 평소에는 무난한 바지만 고집하는 민소도 여행 중에는 조금은 독특하다고 느껴지는 엄마표 원피스를 거부감없이 즐겨 입는다.

여행은 우리를 평소보다 더 과감하게 더 특별하게 만들어주는 힘이 있으니까.

아껴뒀던 리버티 패브릭으로는 커플 원피스를 만들고 나비가 수놓인 미나퍼호넨으로는 머리핀을 만들었다. 리넨으로 만든 원피스에는 민유의 영문 이름과 아이가 좋아하는 토끼, 체리 등을 수 놓아 주었다. 사진을 통해 그때의 추억을 되새김질하듯, 아이들이 자란 후 우연히 옷장문을 열었을 때 여행 중에 입었던 원피스를 본다면 우리가 함께 했던 여행의 기억들이 새록새록 떠오르지 않을까?

:-D

민유의 머리핀.

마리메코 패브릭으로 만든 트렁크 커버와 가방.

북해도 준비 03
짐 싸기
꼬맹이와 함께이기에

원체 꼼꼼하지 못한 성격이고 문제가 생기더라도 현지에서 해결하는 것이 여행의 묘미라고 생각하는 나이지만 이번은 조금 달리 생각하기로 했다. 작년 민유는 호치민행 비행기 좌석에 앉자마자 안전벨트가 답답하다고 칭얼대고 좁다고 칭얼대고 심심하다고 칭얼대고… 정말이지 비행시간 내내 좌불안석했던 무서운 과거가 악몽처럼 떠올랐다.

물론 거기엔 내 책임도 있었다. 저가항공에 대해 미리 알아보았다면 의자 앞 개인 모니터가 없다는 것도 알았을 테고 지루하지 않게 아이패드에 애니메이션이라도 담아갔을 것이다. 그런데 아이를 위한 간식도 놀이감도 전혀 챙기지 않았다. 민소가 그랬듯이 기내식 먹고 자다가 일어나서 그림 그리며 차분히 비행을 즐길 것이라는 착각을 했다. 작년의 경험을 교훈 삼아 이번엔 준비물을 넉넉하게 챙겼다. 먼저 애니메이션 두 편을 아이패드에 담고 색칠공부, 스티커북, 동화책, 간식일체를 모두 쌌다. 그리고 이번에는 배낭여행 때도 가져가지 않은 식자재를 사러 마트에도 갔다.

북해도는 후쿠시마 원전에서의 거리가 우리나라보다 더 멀고 식자재도 대부분 북해도산 로컬푸드를 사용하기 때문에 괜찮다고는 하지만 그래도 주위의 걱정에 힘입어(?) 몇 가지 준비하는 걸로… 주로 아침에 간단하게 먹을 수 있는 것들로 샀다. 조미김, 그냥김, 미숫가루, 현미 누룽지, 짜장분말, 햇반, 비타민, 유기농 과자, 진드기 패치 등.

참, 그리고 아이들에게 점수를 따고 싶은 마음에 일식 요리책도 하나 챙겼다. 여행을 가면 그곳에서 생산되는 식재료를 이용한 쉽고 다양한 요리들이 있는데 레시피를 몰라서 그냥 지나칠 때가 많았다. 예를 들면 런던에 여러 가지 야채들이 있었지만 그것에 대한 정보나 레시피가 없어서 항상 삼겹살에 쌈만 싸먹었던 추억(?)이 있다. 일식 요리책을 보면 우리나라에서는 흔하지 않은 재료가 적혀있는 것을 곧잘 발견했는데 이번 기회에 현지에서 야심차게 도전해봐야겠다. 이렇게 트렁크를 싸놓으니 왠지 완벽한 주부가 된듯한 착각이 든다. 하하…

지루하지 않게 여행하는 방법
가능한 미션들 Mission Possible

민소 어릴 적, 영국 내셔널 갤러리에 방문했을 때 방대한 그림들의 양에 질려버린 적이 있었다. 며칠 후 다시 갤러리를 찾았을 때 민소는 단순한 관광객이 아니었다. 그림 속에 등장한 '개찾기 미션'을 부여받은 꼬마 탐정이 된 것이다. 그렇게 우리는 명화 속에 등장한 수많은 멍멍이를 찾으며 나름대로 특별하고 재미있는 시간을 보낸 기억이 있다.

북해도에서도 아이들 각자에게 맞는 미션을 주어 자칫 지루할지도 모르는 여행에 작은 특별함을 주고 싶었다. 놀이터를 좋아하는 민유에게는 재미있는 '미끄럼틀 찾기'라는 미션을 주었다. 사진 찍는 것을 즐기고 눈썰미가 좋은 민소에게는 북해도의 대표작가인 야스다 칸의 '조각품 찾기'. 공통된 미션으로는 일본 철도역과 관광지마다 있는 '스탬프 찍기'. 각자에게 맞는 미션을 열심히 수행하고 기록하는 아이들을 보니 여행의 한자락을 온전히 자신의 것으로 만드는 것 같아서 뿌듯했다.

나의 미션은? 북해도에 있는 '모든 종류의 맥주를 맛보기' 정도? 하하하…

01 꼬맹이 미션 미끄럼틀 찾기

처음 오도리 공원에 갔을 때 검은 미끄럼틀_{블랙 슬라이드 만트라}을 보고 우리는 감탄했다. 우리나라도 내 어릴 적에 비하면 수도 많아지고 쾌적해졌다고 생각했는데 삿포로에는 고정관념을 깨는 다양한 미끄럼틀이 있어서 아이들뿐 아니라 나까지 찾는 재미가 쏠쏠했다.

사막 같은 미끄럼틀, 두 사람이 타는 미끄럼틀, 검은 화강암 미끄럼틀, 코끼리 미끄럼틀, 도형 같은 미끄럼틀, 화산 같은 미끄럼틀 등이 민유의 레이더망에 포착되었다.

1 2 4 오도리 공원. 3 6 7 모에레누마 공원. 5 마루야마 동물원 놀이터. 8 9 나카지마 공원.

02 언니 미션 조각작품 찾기

삿포로역 서문 앞 하얀 대리석 조각품은 아이들에게 인기가 좋았다. 그 앞에서 사진을 찍기도 하고 가운데 크게 뚫린 구멍 사이를 오가는 모습을 자주 보았다. 민소는 지사공관 2층에서 같은 디자인의 작은 모형을 발견하고 조각가에 대한 호기심을 가졌다. 그리고 그가 북해도의 대표 작가인 야스다 칸이라는 사실을 알게 되었다. 그 뒤로 민소에게 주어진 미션은 도심에 흩어진 야스다 칸의 조각품 찾기. 내친 김에 야스다 칸의 고향인 비바이까지 방문하기로 했다.

1 5 삿포로역 서문. 2 3 4 8 비바이. 6 텔레비타워 근처. 7 나카지마 공원 콘서트 홀(Kitara) 앞. 9 지사공관.

03 자매 미션 스탬프 모으기

일본은 그 지역과 문화를 상징하는 스탬프가 기차역과 관광지마다 마련되어있다. 도장찍기를 좋아하는 아이들에게 작은 노트에 스탬프 모으기는 재미있는 게임과도 같다.

1 비에이. 2 곰목장. 3 모에레누마 공원. 4 노롯코열차.

1
Sapporo
먹고 놀고 뛰고

Sapporo

북해도의 중심지로 일본 5대 도시 중 하나이다. 오래전엔 토착민인 아이누족이 살았고 19세기 메이지 시대에 바둑판 모양으로 설계되었다. 주요 시설의 대부분이 츄오구 Chuo-ku에 있는 작은 도시이다. 겨울철 폭설에 대비하여 지하 아케이드가 잘 발달해있다. 눈 오는 날은 물론 비 오는 날도 아케이드를 이용하면 편리하다. 농업이 발달했으며 양파의 원산지이다. 특히 버터, 아이스크림, 우유 등의 유제품이 인기 있다. 도시와 자연이 적절하게 균형을 이루고 있어 일본인들이 선호하는 도시 중 하나이다. 겨울에는 눈 축제, 여름에는 맥주 축제가 유명하다.

삿포로 신치토세 공항

국내 항공으로는 대한항공과 진에어가 취항한다. 공항에서 중심지인 삿포로역까지 이동방법은 리무진 버스(70분 소요), JR열차인 에어포트(36분 소요)가 있다.

핸즈 프리 시스템 공항에서 호텔까지 짐을 바로 보내주는 서비스. 입국 수속 후 출국장으로 나오면 왼쪽에 있다. 사이즈에 따라서 300~800엔.

신치토세 공항 www.new-chitose-airport.jp
삿포로 정보 www.sapporo.100miles.jp
삿포로 관광 www.welcome.city.sapporo
삿포로 맥주축제 www.sapporo-kankou.jp
라벤더 축제 www.lilac.sapporo-fes.com
JR패스 www.japanrailpass.net/kr/kr001.html
JR패스 한국어 예약 www3.jrhokkaido.co.jp/rail-ko/asp/RWY010.aspx

공항 내 이동을 돕는 무빙카.
무료로 탑승이 가능하다.

삿포로 관광

중심지가 크지 않아서 성인의 경우 도보여행이 가능하다. 삿포로역, 오도리역, 스스키노역 주변에 주요 호텔 및 음식점이 모여있다. 도시가 바둑판 모양으로 정렬되어있고 주소에 동,서,남,북이 표시되어 있어 길찾기에 용이하다. 예)니조 시장 주소: 츄오구 미나미(남쪽) 3 히가시(동쪽) 1. 삿포로역 안내센터에는 한국인 직원이 있으니 모르는 것이 있으면 주저말고 물어보자. 한국어 관광지도는 꼭 챙기기!

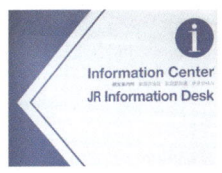

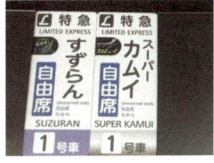

기차역 탑승 게이트 앞에는 열차별로 지정석, 자유석 표시가 매달려있다. 우리나라에서 1호차는 무조건 1등석인 것과 다르니 탑승 전 확인할 것.

교통

이동수단으로는 지하철, 버스, 노면전차가 있다.
만 6세(취학 전)까지 무료, 만 12세(초등학생)까지는 어린이 요금(어른의 절반 가격).
지하철 난보쿠선, 도자이선, 도호선의 3개 노선이 있다.
1회권, 원데이 카드(지하철과 버스 1일권), 지하철 원데이 카드, 삿포로 오타루 웰컴 패스(JR 삿포로 오타루 구간과 삿포로 내 지하철 1일권), 도산코 패스(토, 일, 공휴일 사용, 어른권 구입 시 어린이 1명은 무료)
버스 버스는 뒤에서 타서 앞에서 내린다.
노면전차 1개의 노선이 있다. 모이와야마 전망대를 경유한다.
택시 기본 요금은 650엔으로 4인까지 탑승 가능하다. 오후 10시에서 오전 5시까지 야간 할증요금이 부과된다.

원데이 티켓. 하루 동안 버스와 지하철, 노면열차를 무제한으로 탑승할 수 있다. 우리는 모에레누마 공원에 가는 날 구입했다.

동서남북을 알면 편하다
동 ひがし 히가시
서 にし 니시
남 みなみ 미나미
북 きた 기타

JR패스

북해도 내 도시의 이동을 자유롭게 할 수 있는 철도패스. 이동할 때마다 역 내에서 구간 간 티켓을 구입할 수도 있으나 여러 지역을 여행할 생각이라면 JR패스가 유용하다. 한국에서 구입할 수도 있으며 삿포로에 도착 후 구입도 가능하다.

01 창밖 풍경이 예쁜 숙소는

새벽 5시에 기상.
비행기를 타고 신치토세 공항을 거쳐 숙소에 도착하기까지 민유는 열두 번 찡그렸다 폈다를 반복했다. 공항에서 쾌속열차로 삿포로역까지 이동한 후 택시를 탔다. 런던에서 그 무거운 짐을 들고도 택시 대신 계단 많던 지하철을 고수했던 나였지만 오늘만은 예외. 요 꼬맹이와 함께라면 택시가 아닌 리무진이라도 잡아야할 상황이었다.
미리 프린트해 간 숙소의 주소와 약도 덕분에 택시기사와의 의사소통엔 어려움이 없었다. 오도리 공원을 지나 스스키노 근처의 골목에서 택시는 멈췄다. 스스키노역 근처는 유흥가로 골목에는 러브호텔이 많았다. 택시기사는 내려서 우리의 짐을 들고 주소를 확인하며 잘 보이지 않는 건물의 현관문을 찾아주었다. 나는 택시기사의 얼굴에서 우리를 걱정하는 눈빛을 보았다. 왠지 겸연쩍어서 이제는 내가 알아서 찾아갈 수 있다는 제스처를 보였다. 우리가 예약한 위클리맨션은 두 개의 건물인데 리셉션은 구관에만 있고 나중에 생긴 신관은 현관에서 비밀번호를 누르는 무인시스템이었다. 우리의 방은 신관에 위치했다. 1층에는 셀프 세탁실과 작은 로비가 있었는데 방은 홈페이지에서 보았던 것보다 훨씬 별로였다.
예전 민소와 단둘이 머물렀던 파리의 숙소가 생각났다. 그때도 사진과 다른 실제 모습에 적지 않은 실망을 했었다. 거긴 커튼에서 구정물이 흐를 정도로 더러웠지만 창문 너머 시내풍경은 그럴듯 했다. 집이나 숙소를 구할 때 중요시하는 것 중 하나가 창가의 풍경이다. 평소 호텔을 예약할 때면 옵션에 항상 '높은 층으로 주세요'를 빼놓지 않고 적는다. 체크인할 때도 마찬가지. 이곳을 선택했던 이유도 한쪽 벽면을 차지할 듯한 커다란 창 때문이었다. 그러나 슬프게도 우리 방 창은 불투명한 통유리로 고정되었고 한쪽 구석탱이에 열리는 작은 창 사이로는 1층 주차장밖에 보이질 않았다.

난 속으로 '망했다'를 외쳤다. 그나마 괜찮은 것은 일본의 숙소답게 모든 것이 깨끗하고 깔끔하며 가전제품들이 빠짐없이 구비되어 있었다. 기본적인 전기밥통이나 청소기 외에도 공기청정기와 물의 온도를 유지하는 전동포트가 있고 다리미와 다림질판, 침대나 소파 청소하기 좋은 테이프 클리너도 갖춰져 있었다. 테이블 밑에는 작지만 5단으로 된 서랍장이 있어서 자질구레한 아이들 물건도 용도별로 정리할 수 있어 맘에 들었다. 또 숙소의 꽃이라 할 수 있는 욕실도 깨끗했고 작게나마 욕조도 갖춰져 있었다. 우리 세 식구가 열흘정도 머물기에는 불편함이 없겠구나 싶어 일단 짐을 풀고 살림살이들을 정리한 후 외출을 하기로 했다. 기내식으로 먹었던 식사도 부실했지만 무엇보다 새벽부터 일어나서 움직인 탓인지 기분이 몹시 저하된 민유에게 콩고물을 던져줘야겠다는 생각이 들었다.

"민유야, 우리 인형 사러가자."

민유는 금세 기분이 좋아져서 외출을 서둘렀다. 숙소를 나와 좀전에 택시가 들어왔던 반대편 길로 나갔다. 건물은 골목 사거리에 위치했는데 반대편 길은 한적한 뒷길(쪽길) 같은 느낌의 주택가로 바로 대로변과 통해 있었다. 이 길로 다니면 아이들은 우리 숙소가 러브호텔 사이에 있다는 것을 모르겠다고 생각하니 왠지 안심이 되었다(뭐, 아직까지 둘 다 러브호텔이 무엇인지도 모르고 있지만). 쇼핑과 간단한 저녁 식사를 한 후에 숙소로 돌아왔.

비행기에 관광에 바쁘고 피곤한 하루를 보낸 아이들은 금세 꿈나라로 돌진했지만 나는 좀처럼 잠이 오지 않았다. 숙소가 무인시스템이라는 것이 마음에 걸렸다. 방문 열쇠도 부실해 보이고 건물을 두세 번 들락거리는 사이 다른 투숙객과 한 번도 마주치지 못한 것도 불안했다. 보름 동안 아이들과 즐겁게 여행을 잘 할 수 있을까, 하는 때늦은 걱정까지 하게 되었다.

'1층에 분명히 CCTV가 있었지? 없었나? 있었어. 복도에는 없었나?'

양을 세듯 CCTV 개수와 위치를 머릿속으로 더듬으며 어느새 잠이 들었다.

02 민유는 벌써 다 샀어 달라도 너무 달라

여행에서는 항상 갖고 싶은 것 다섯 개 정도를 사주기로 했다. 이건 런던여행(민소 일곱 살) 때부터 정한 우리의 약속이다. 여행 가면 어른인 나도 갖고 싶은 것이 많은데 아이는 오죽할까? 보는 것마다 신기하고 예뻐서 가방에 쏙쏙 넣고 싶은 게 당연하지. 그렇다고 원하는 것을 모두 사줄 수는 없으니 이렇게 개수를 정해놓았다. 비용은 명절을 비롯해서 지인들에게 틈틈이 받은 아이의 용돈으로 충당하면 된다. 물론 여행이 끝난 후 가방을 열어보면 다섯 개를 웃도는 경우가 더 많다. 하지만 일단 개수를 정해 놓으면 아이 스스로도 자제와 조절을 하게 되는 것 같다. 여행의 막바지 즈음에 "너 예뻐서 엄마가 특별히 하나 더 사주는 거야"라고 말하면 생색도 나고 아이도 기뻐하고 모녀관계도 돈독해지면서 여행은 훈훈한 마무리가 된다. 아니 이제까지 민소와의 여행은 이렇게 마무리가 되었다.

'모든 아이에게 이 방법이 적용되는 것이 아니라는 것'을 이번 여행을 통해 처음 알게 되었다. 한 달 전부터 인형을 사달라고 민유가 조르면 일본 가서 사준다고 조금만 참으라고, 거기에는 더 예쁜 인형이 아주 많다고 설득했다. 그렇게 오매불망 여행만 기다리던 민유는 삿포로 도착 첫날부터 물 만난 고기처럼 쇼핑에 심취했다. 백화점 안내데스크에서 받은 쇼핑몰 지도를 들고, 길 가던 친절한 여학생들의 가이드로 도착한 키티매장에서 처음 눈에 띄는 스티커 꾸러미를 집어 들었다. 거기에 키티 잠옷, 멜로디 속옷도 사고 다음날은 도큐한즈에서 슬리퍼도 사고 장난감 가게에서는 인형들, 그릇가게에서는 인형들 담을 그릇(인형을 왜 담아?) 등등… 쬐그만 것이 물욕이 어찌나 많은지 사달라는 말 대신 항상 "엄마, 나 이거 필요해, 필요해"라는 말을 입에 달고 다닌다. 그러면서 손가락을 세 개 펴고는 "엄마, 나 세 개 샀지?" 하며 웃는다.

아니, 너 다섯 개 다 산지 오래됐단다.
내가 "민유야, 왜 이렇게 갖고 싶은 것이 많아?"라고 물으면 이제껏 옆에서 조용히 있던 민소가 뜬금없는 대답을 한다.
"그건 엄마를 닮아서 그러지."

오도리 공원 내 삿포로 자료관 앞

03 쿠키 만들기 머나먼 여정

간단하게 아침을 챙겨 먹고 과자공장으로 출발했다. 쿠키 만들러 가자는 말에 아이들은 무척 기분이 좋은 모양이었다. '과자공장에서 쿠키를 만들고 내부 구경을 하면 시간이… 아무리 늦장을 부리더라도 점심은 시내에 와서 먹겠구나. 그럼 오후에는 이런 저런 곳을 가야지.' 집을 나설 때만 해도 과자공장으로의 머나먼 여정은 상상도 못했다.
민유는 들뜬 표정으로 길 가다가 사진을 찍어 달라고 하고 달리기 시합도 제안했다(달리기는 나와 민소가 대표적으로 싫어하는 것 중 하나).
어제부터 딱딱한 단화 때문에 발이 아프다고 호소하는 민소. 그럼 가는 길에 파르코(백화점)가 있으니 들렸다가 빨리 운동화만 하나 사서 가자. 위치는 지하철 한 코스 정도로 그리 멀지 않으니 걸어가기로 했다. 그런데 중간쯤 걷다가 우리가 사랑하는 모스버거를 발견했다. 이미 아침을 먹었지만 가게 앞에 붙어있는 라이스버거와 메론소다를 보니 없던 식욕이 되살아났다. 그래 일본에 와서 모스버거를 먹지 않고 가면 서운하지. 점원이 아직 청소 중인 것을 보니 우리는 이 날의 첫 손님인듯 했다. 따끈한 밥알들이 정갈하게 뭉쳐진 라이스버거를 한 입 베어 물려는 순간 민유가 갑자기 드디어 응가가 마렵다고 했다. 보통의 경우라면 먹는 도중에 응가를 하겠다는 소리가 반갑지 않았겠지만 3일 내내 응가를 못했던 터였다. 마려울 때마다 배가 아프다고 울고 떼쓰고 화내는 경우가 다반사였던 민유(정말 엄마를 녹다운 시키는 데 천부적인 재능을 가진 아이)였다. 응가 마렵다는 말에 이때다! 싶어서 재빠르게 화장실로 데려갔다. 길 가다가 마려우면 어쩌나 했는데 다행히 깨끗한 화장실이 배치된 곳에서 응가를 했으니 정말 기쁘고도 기쁘다며 우리 모두 하이파이브를 했다.
앗싸! 무사히 거사를 마치고 이제 오늘 하루는 꽃밭을 걷겠구나 생각했는데 파르코에 들어서면서부터 민유의 심사가 편치 않았다. 언니만 무언가를 산다는 것도 기분이 좋지 않은데 심

지어 오래 걸리기까지… 이 매장, 저 매장, 1층, 2층 다 다녀보아도 딱히 이거다 싶은 운동화가 보이지 않자 민유는 지루해 하며 본격적으로 화내기 모드에 돌입했다. 발이 아프다며 부어 있는 큰 딸과 다리가 아프다고 찡찡대는 작은 딸. 궁여지책으로 빌리지 뱅가드Village Vanguard-잡화점(반갑게도 파르코에 입점해 있었다)에서 급히 무민 사탕을 한 봉지 쥐어주고 키즈매장에 위치한 놀이공간으로 갔다. 다행스럽게 다시금 기분이 좋아져서 꼬맹이들(진짜 어린 아기들) 틈에서 신나게 놀기 시작했다.

그런데 우리의 목적지인 과자공장은 대체 언제쯤 도착할까?

애들아, 벌써 점심 때야.

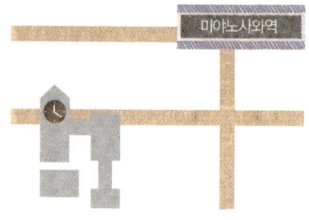

가장 좋은 장소에는 여정 중 처음과 마지막에 가는 것이 효과적이라 생각한다. 다른 것도 그렇지만 아이들에게 여행은 특히나 시작과 마지막의 기억이 강하게 남기 마련이다(만약 둘 중에서 하나를 고르라면 마지막). 아이들은 삿포로의 어느 곳을 좋아할까? 이런 저런 검색 중에 나의 레이더망에 포착된 곳은 바로 쿠키 만들기 체험을 할 수 있는 'Shiroi koibito park(시로이 코이비또 파크)'. 이곳은 북해도의 유명한 과자회사로 공장과 함께 전시관, 카페 등이 함께 있다. 지하철역에 내려서 다리 아프다는 민유를 업고 간신히 정문 입구에 들어서자마자 눈에 띄는 작은 꼬마 집들. 유럽풍의 꼬마 집들을 보자 좋아서 눈이 반짝반짝한 민유는 안에서 노느라 나올 줄을 몰랐다.

안돼. 안돼. 여기는 나중에…

우리 더 이상 한눈팔지 말고 과자공장부터 구경하자며 겨우 민유를 데리고 건물 안으로 입장했다. 먼저 쿠키 만들기 워크숍을 예약하고 갤러리를 구경했다. 갤러리에서 워크룸으로 이어지는 긴 복도의 한쪽 면은 통유리로 되어있는데 유리를 통해 과자가 만들어지는 제조공정을 볼 수 있다. 반짝 반짝 윤이 날만큼 깨끗하고 공정화된 시스템이 보였다. 여기서 그 유명한 쿠쿠다스 같은 달콤 부드러운 쿠키가 만들어지는구나. 동시에 구매욕까지 상승. 민소는 처음엔 쿠키 만들기가 시시할 것 같은지 심드렁한 표정이었지만 막상 워크룸에 들어가서는 태도가 180도 돌변했다.

인상적인 건 철저한 위생관리였다. 입구에 비치된 바구니에 겉옷과 소지품을 넣은 후, 나눠준 앞치마, 쉐프 모자를 썼다. 신고 있는 신발에는 비닐까지 씌우게 했다. 복장을 갖추면 마지막으로 손 소독을 한 후 지정된 테이블에서 수업에 참여한다. 지도하는 직원들도 모두 마스크를 착용하는 것은 당연하다. 사실 쿠키 만들기는 집에서도 자주 했던 놀이고 반죽도 이

미 되어있어 밀대로 밀고 모양틀로 찍기만 하면 되는 간단한 수업이었다. 하지만 아이들은 꽤나 진지했다. 특히 스팽클로 꾸미고 트레이에 옮기는 과정에서는 쿠키 모양이 조금이라도 변형될까봐 조심조심했다.

기대 이상으로 몰입하고 즐거워하는 아이들을 보니 무슨 일을 할 때는 그것의 크고 작음이 문제가 아니라는 생각이 들었다. 집에서는 후다닥 만들고 후다닥 먹고 끝이었던 쿠키 만들기가 여기서는 잊지 못할 체험이 된다는 것. 무엇이든 차근차근 원칙을 지키며 순서대로 진행하면 그렇지 않을 때보다 훨씬 자신이 하고 있는 일에 재미와 자부심을 느끼는 것 같다.

놀이도 일도, 직업도 그렇겠지? 그리고 그것은 자존감과도 연결되는 것이겠지?

무엇보다 기본이 중요하구나. 여행을 마친 후 집에 돌아가면 우선 아이들 앞치마부터 만들어 줘야겠다.

다 구운 쿠키를 들고 정원의 테라스에서 아이스크림과 함께 시식을 했다. 신기하게도 다른 곳에서 먹었던 것보다 훨씬 부드럽고 고소했다.

1 만드는 법이 비교적 간단해서 일본어를 전혀 모르는 민유도 충분히 워크숍에 참여할 수 있었다. 2 신중을 다하여 장식에 임하는 아이들. 3 유리를 통해 쿠키의 생산과정을 볼 수 있다. 철저한 위생관리가 인상적이다.

Shiroi Koibito Park 시로이 코이비또 파크

공항에서 삿포로 출국을 앞둔 사람들의 손에 가장 많이 들린 선물용 과자. '하얀 연인'을 뜻하며 화이트 초콜릿을 사이에 두고 두 장의 얇은 쿠키가 겹쳐져있다. 바로 이시야의 베스트셀러 쿠키이다. 이시야는 북해도에 400여 점의 체인을 두고 있는데 시로이 코이비또 파크(본점)에는 아이들과 관람하기 좋은 여러 시설들이 있다. 정원의 시계탑에서는 정각마다 인형들의 노래가 울려퍼지고 증기기관차 '벤케이호'를 모델로 한 짧은 기차 여행도 즐길 수 있다. 장미 덩쿨 사이의 테라스에서 한가로이 차와 아이스크림을 맛보는 여유도 누려보자. 건물 안에서는 초콜릿 전시와 쿠키 만들기 체험을 할 수 있어 아이들과 반나절을 보내기에 안성맞춤인 곳이다.

www.shiroikoibitopark.jp
札幌市西区宮の沢 2-2-11-36(Miyanosawa 2 2 chome, Nishi-ku, Sapporo)
open 09:00-18:00(오후 5시까지 입장 가능), 도자이선 미야노사와역 도보 7분

북해도 / 삿포로 / essay03 / 시로이 코이비또 파크

04 살림놀이 먹는 게 남는 것

대학을 졸업할 때까지 결혼을 하고 엄마가 되고 살림을 하는 것에는 관심이 없었다. 관심이 없는 정도가 아니라 세상에서 가장 지루하고 고루한 일일 거라 여겼다. 그때는 왜 엄마라는 타이틀이 이토록 힘들고 바쁘고 때때로 뿌듯하다는(?) 사실을 아무도 가르쳐주지 않았을까? 물론 지금도 살림에 큰 재능을 발견하지 못하고 있지만 대신 시장, 마트 구경은 좋아한다. 평소에도 그렇지만 여행 중에는 빼놓을 수 없는 꿀재미가 되었다. 가장 좋아하는 것은 로컬푸드이다. 그곳에서 먹는 생생한 맛이 좋다.

대학 때 유럽으로 떠난 배낭여행에서 친구는 음식이 입에 맞지 않아 힘들어했다. 하루는 언제나처럼 친구는 체인점의 햄버거를, 나는 길거리 노점에서 샌드위치를 사들고 함께 공원에 앉아 점심을 먹기 시작했다. 샌드위치를 한 입 베어 무는데 맛이 심상치 않았다. 속을 보니 익히지 않은 절인 생선이 큼지막하게 들어있었다. 고등어인가? 두 입까지 간신히 먹고 더는 못 먹겠다고 손사레를 치자 친구가 웃으며 말했다.

"야, 세상에 네가 못 먹는 음식도 있구나."

물론 모든 음식이 입맛에 맞고 성공이었던 것은 아니다. 비리거나 향신료가 강해서 입에도 못 대는 경우도 있다. 하지만 그래서 재미있고 더 기억에 남는 거 아닐까. 다녀온 뒤 생각나는 이야깃거리도 많아질 테고…

민소는 입맛이 나를 닮았는지 뭐든 잘 먹는 편이다. 특히 일본음식인 낫또, 스시, 말차, 라멘 등을 좋아한다. 초등학교 1학년 입학을 하고 첫 달 화요일은 집에서 도시락을 싸야 했다. 도시락 반찬으로는 민소가 평소 좋아하는 장어구이를 싸주었다. 나중에 짝꿍 엄마에게 들은 이야기인데 그날 자기 아들이 민소는 이상한 반찬들을 잔뜩 가져왔다고 반찬들 이름이 뭔지 참 궁금해 했단다. 하하…

일본의 다른 지역과 마찬가지로 삿포로도 당연히 생활 물가가 비싸다. 유럽은 공공요금이 비싼 대신에 상대적으로 야채나 과일은 우리나라보다 저렴했는데 여긴 그렇지도 않다. 특히 수입보다 제철과일과 북해도산 로컬푸드가 비싸다. 첫날 백화점에서 시식까지 하며 야심차게 구입한 최상급 북해도산 쌀(861엔)은 정확히 세 끼(하루) 먹으니 바닥을 보였고 과일 또한 비싸서 봉다리가 아닌 낱개로만 한 알, 두 알 사서 먹었다. 그래도 반찬문화, 도시락 문화가 잘 발달해서인지 신선하고 다양한 물건들이 많아 마트구경은 우리나라보다 두 배 재미있다는 것이 위안이랄까?

큰 사건은 없지만 나름대로 버라이어티한 삿포로의 하루를 마치고 숙소로 돌아오는 길에는 꼭 시장이나 백화점 식품매장에 들러서 장을 봤다. 식품매장의 시식코너는 아이들을 행복하게 했고 아이들은 한국에서처럼 먹는 족족 사달라고 졸랐다. 그러다가 민소가 손가락을 가리키며 강력하게 사달라고 한 것은 바로 그녀가 너무도 사랑하는 달콤한 양념이 곁들어진 장어구이. 물론 비싼 가격이었지만 외식을 하는 것보다는 저렴하다는 생각에 OK! 후식으로는 민유가 좋아하는 복숭아 2알과 부드러운 푸딩도 샀다. 나를 위한 후식은 '삿포로 클래식 맥주'. 늦은 밤, 아이들 재우고 혼자 느긋한 시간을 보낼 때 마셔야지.

행복한 장보기
Local food

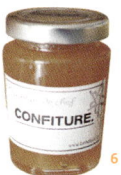

1 부드러운 사과 버터. 2 유자 알멩이가 씹히는 유자 푸딩. 3 북해도산 우유로 만든 카라멜 푸딩. 4 벤베야의 녹차쿠키. 5 하코다테 카레. 6 벤베야의 사과잼. 7 벤베야의 카라멜 잼. 8 허니너트. 9 밥에 뿌려먹는 계란 후리가케. 10 장인이 만든 북해도산 쌀. 11 산토리 맥주.

북해도 / 삿포로 / 행복한 장보기

삿포로에 도착하자마자 아이들이 좋아하는 라멘을 먹으러 유명한 라멘집부터 찾아갔다.
민소는 소유라멘, 나와 민유는 시오라멘.
그런데 짰다. 며칠 후 다른 라멘집에 갔는데 역시나 짰다. 시오도 짜고 소유도 짜고 미소는 더 짰다. 그 날 이후 라멘은 더 이상 먹지 않았다. 다른 이들은 어떤지 몰라도 우리 입맛엔 된장찌개보다 짰다. 대신 아이들은 쫄깃쫄깃한 삿포로 우동과 스파게티를 사랑했다.
거기에 비에이 아스파라거스와 유바리 멜론을 더하면 금상첨화.

Kita Kitchen 기타키친

오로라 타운에 위치한 기타키친은 푸드 편집매장 같은 곳이다. 크지 않은 매장이지만 고급스럽고 먹음직스러운 로컬푸드들이 가득하다. 다이마루 백화점 식품관이 관광객들에게 인기인 반면 기타키친은 현지인들이 즐겨 찾는 식료품숍이다. 저녁시간이 되면 장을 보러오는 주부와 직장인들로 카운터에는 긴 줄이 늘어선다.

이곳의 가장 큰 장점은 모두 '메이드 인 북해도' 라는 것이다. 그래서 이름도 북쪽Kita의 부엌Kitchen인가보다. 각 제품 앞에는 가격과 함께 원산지까지 이해하기 쉽게 지도로 표시되어있어 더욱 믿음이 간다. 모두 신선하고 안전한 식품들만을 선별하여 판매한다고 한다. 주요 품목은 북해도의 자랑이라 할 수 있는 우유, 치즈 등의 유제품과 과일을 이용한 다양한 잼과 음료 등이다.

www.webshop.marui-imai.jp/#kita-kitchen
さっぽろ地下街オーロラタウン小鳥の広場向い
Kita Kitchen, Aurora-town Sapporo Chikagai(underground shopping mall)
open : 10:00-20:00

Daimaru Hoppe town 다이마루 식품관

삿포로역과 연결되어 있어서인지 다이마루 백화점은 언제나 많은 사람들로 붐빈다. 지하의 식품관은 식자재 외에도 삿포로 내 유명한 베이커리와 디저트숍들이 모두 입점해 있어서 구경하는 재미와 사는 재미가 쏠쏠하다.

www.daimaru.co.jp
札幌市中央区北5条西4丁目7番地
North 5-Jyounishi 4-7, Chuoku, Sapporo
open : 10:00-20:00 / close : 1월 1일

알록달록 예쁜 색의 야채로 만든 피클들은 100g 단위로 판매한다.

Maruyama class 마루야마 백화점 델리

마루야마 동물원에 갈 계획이라면 꼭 들러야 할 곳이 있다. 바로 마루야마 백화점 델리 코너. 우선 지하철역과 연결되어 있어서 접근성이 좋다. 규모도 제법 크고 갖가지 도시락과 튀김, 빵이 소포장 되어있어서 동물원에서 먹을 피크닉 음식들을 사기에 제격이다. 물론 저녁 찬거리 사기에도 좋은 곳.

www.maruyama-class.com
札幌市中央区南1条西27丁目1-1
South1 West 27-1-1 Minami1jyonishi, Chuoku, Sapporo
open : 10:00-20:00 / close : 1월 1일

05 삿포로는 축제 중 한여름의 오도리 공원

삿포로의 축제라고 하면 언젠가 TV에서 봤던 눈축제가 생각난다. 여름에 시원한 곳을 찾아온 것이 여행의 유일한 목적인 우리는 별다른 기대도 준비도 없었다. 거기 가서 뭘 할 거냐고 묻는 친구에게 공원에 앉아서 날마다 비눗방울이나 불 생각이라고 대답했다. 그런 것은 여기서도 할 수 있는데 왜 거기까지 가냐고 반문한다면… 아마도 집에서는 그럴만한 심적 여유가 없어서라고 대답할 것이다. 6학년 민소는 학원에 숙제에 쳇바퀴 돌 듯 바쁘고 민유는 어린이집 종일반. 물론 나 역시 이런저런 경제활동과 가사노동으로 정신없는 하루하루를 보내고 있다. 일상에서 그나마 차분하게 보낼 수 있는 시간은 저녁식사 시간과 잠들기 전 민유에게 책을 읽어주는 시간이 고작이다.

그래서 아이들과 작정하고 노는 가장 좋은 방법은 여행을 가는 것이라는 생각을 했다. 여행은 볼 것 많은 유적지, 관광지도 좋지만 할 것 없는 한적한 시골 동네도 괜찮다.

할 것이 없으면 할 것을 만드는 것이 아이들의 본성이니까.

여기 와서 좋은 건 숙소에 와이파이가 잘 잡히지 않는다는 것이다. 처음에는 그것이 제일 불편했는데 이제는 오히려 여행다운 여행을 할 수 있는 필수요건이라는 생각마저 든다. 집에서는 틈만 나면 웹툰과 게임 삼매경에 빠진 민소였는데 여기서는 그럴 수 없으니 잔소리를 할 필요도 없다. 나 역시 다른 때라면 열심히 여행정보 검색하느라 바쁠 텐데 그런 것에서 해방되니 오히려 편하다.

우리는 대신 아침마다 오도리 공원으로 피크닉을 가고 저녁에는 나카지마 공원에 산책을 갔다. 피크닉에 도시락을 싸갈 필요는 없다. 왜냐하면 삿포로는 지금 축제 중이니까.

지하철역을 중심으로 가로로 길게 뻗은 오도리 공원은 여름엔 맥주축제, 겨울엔 눈축제로 유명하다.

맥주축제는 7~8월에 열리는데 오도리 공원은 물론 삿포로역 앞과 스스키노 거리까지 맥주 테이블들의 향연이 계속된다. 겨울이 길고 여름이 짧은 삿포로에는 집이나 가게에 에어컨이 많지 않다. 그렇기 때문에 짧고 뜨거운 한여름에 이렇게 모두 공원에 나와 맥주를 마시는 것이 이들의 즐거움이자 축제가 되었다고 한다.

오도리 공원은 삿포로 중심가를 동서로 가로지르는 1.5km가량의 넓은 공원이다. 서쪽 8초메에는 크지도 작지도 않은 놀이터 Odori Noryo Garden가 있는데 그곳이 바로 민유의 아지트가 되었다. 놀이터의 인공 개울에서는 많은 아이들이 수영복까지 착용하고 본격적인 물놀이를 했다. 민유는 특히 작은 돌다리 밑을 오가는 것과 고래 분수를 좋아했다. 바닥은 반질반질한 돌로 깨끗하고 안전해 보였다. 개울 옆에는 어른들이 아이를 지켜보기 편하도록 잔디와 벤치가 있어 세심한 배려가 느껴졌다. 어느 날은 바람이 불고 기온이 낮아서 여름인데도 긴팔이 필요했었다. 빗방울까지 떨어지는 공원에는 노는 아이가 거의 없었다.

그러나 단 한 명 김민유만은 예외. 더운 날이나 추운 날이나 정말 열심히 출석한 민유에게 내가 개근상이라도 만들어 줘야할 것 같았다.

민소는 종종 민유가 부럽다고 한다. 학교 들어가기 전에 숙제 없이 맘껏 놀 수 있는 시절이 그립단다. 6학년이 그런 말을 하는 것이 가소롭지만 한편으론 초등학생인데도 학업 스트레스 때문에 맘 편하게 방학을 즐길 수 없는 우리네 현실이 조금 씁쓸하기도 했다.

그래 축제가 별거겠니. 이렇게 아무 생각없이 신나게 노는 것이 행복이고 축제지.

민유 너에겐 지금이 네 인생 축제의 나날이겠구나.

놀이터에서 신나게 오전시간을 보내고 바로 옆인 맥주 축제에 가서 점심을 먹는 것으로 우리의 피크닉을 마무리 지었다.

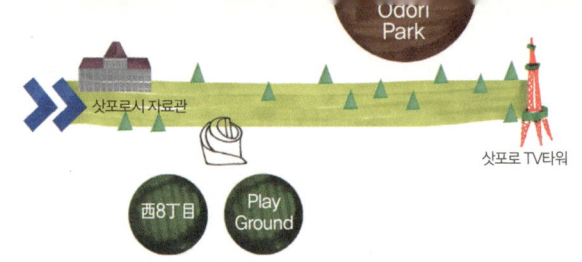

북해도 / 삿포로 / 오도리 공원

Odori Park 오도리 공원

삿포로를 대표하는 공원으로 5월에는 라벤더축제, 여름에는 맥주축제, 겨울에는 눈축제와 화이트 일루미네이션 등 다채로운 이벤트가 열리는 곳이다. 길게 뻗은 오도리 공원에서 맥주축제는 4초메~12초메에서 열리며 아이들의 놀이터가 있는 곳은 8초메이다.

www.sapporo-park.or.jp/odori
札幌市中央区大通西1-12丁目(Odorinishi West1-12 Chome, Chuo Ward, Sapporo)

06 하루의 마무리는 나카지마 공원에서

누군가 내게 어떤 동네에 살고 싶냐고 물으면 주저없이 미술관과 공원이 있는 곳이라고 말할 것이다. 우리가 머물렀던 숙소의 유일한 장점은 걸어서 3분 거리에 나카지마 공원이 있다는 것. 오도리 공원은 길게 뻗고 시야가 확 트여 있어 점심 후 아메리카노 한잔 마시며 산책하기 좋은 곳이고 나카지마 공원은 큰 호수를 중심으로 나무들이 포근히 감싸고 있어서 저녁식사 후 한가롭게 거닐기 좋은 느낌이다. 주로 저녁 때만 방문한 까닭에 공원의 구석구석을 보지는 못했지만 호수며 아이들 놀이터, 천문대, 메이지 시대의 멋진 건물 등 자연과 예술이 조화롭게 어우러져있어 마치 보물찾기를 하는 느낌도 들었다.

아이들과 여행을 하면서 깨달은 원칙 중 하나는 무리하게 일정을 잡지 않는 것이다. 아이들은 쉽게 피로해지고 흥이 떨어지면 짜증을 내기 마련이다. 또 늦게 잠자리에 들면 리듬이 깨져서 다음날까지 여파가 미친다. 저녁을 먹고 나면 바삐 설거지를 마치고 아이들과 공원으로 향했다. 가는 길에는 큰 호텔이 하나 있었는데 민소는 언제나 그 앞에 서서 호텔 와이파이로 웹툰을 다운 받았다. 그것이 민소의 하루 낙이라는 것을 알기에 짧게나마 여유를 주고자 민유와 함께 편의점에 쿠키나 캔디를 사러가곤 했다. 그렇게 5분 정도를 소요하고 공원에 들어서면 민유는 어김없이 놀이터를 향해 돌진했다. 놀이터에서 실컷 미끄럼틀을 타고 그네도 탄 후, 해가 지기 시작할 무렵엔 천천히 공원을 산책했다. 가끔 달을 보고 소원을 빌기도 하고 달리기 시합도 했다.

공원 안에는 뛰어난 음향 설비를 자랑하는 '키타라 Kitara 콘서트홀'이 있는데 가끔 그 앞을 지날 때면 기모노를 정성스레 차려입은 여자들을 만나곤 했다. 다섯 살 민유는 한복과 기모노를 구별하기가 힘든지 볼 때마다 '세배 옷'이라며 좋아했다. 놀이터 옆에는 얼굴이 부조로 꾸며진 인형극장이 있었는데 주말에는 인형극을 상영한다고 적혀있었다. 민유는 호기심에 가득 차서 들어가보자고 했지만 언어의 장벽 때문에 봐도 재미가 없을 거라는 생각에 패스했다. 지금 생각하니 조금 아쉽기는 하다.

Nakajima Park 나카지마 공원

원래 목재저장소였던 이곳은 100년이 넘는 삿포로에서 가장 오래된 공원이다. 천문대, 호헤이칸(메이지 서양식 건축), 콘서트홀, 일본식 정원으로 유명하다. 콘서트홀 앞에서는 야스다 칸의 대표 조각품도 만날 수 있다. 여름엔 호수에서 보트를 타는 것도 좋다.

www.sapporo-park.or.jp/nakajima
札幌市中央区中島公園(Nakajima, Chuo Ward, Sapporo)
난보쿠선 나카지마코엔역 1번 출구

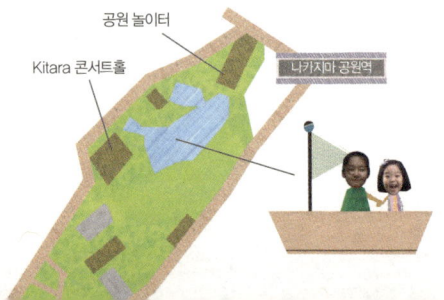

북해도 / 삿포로 / 나카지마 공원, 소세이가와 공원

Sousei River Park 소세이가와 공원

니조 시장 앞에는 꼬맹이들이 좋아할 작은 공원으로 이어지는 물가가 있다. 계단으로 내려가보면 발을 담그고 니조 시장에서 산 체리 한 봉지를 먹기에도 그만. 곳곳에 놓여진 야스다 칸의 조각품을 찾는 것도 하나의 재미이다. 지금은 작은 산책로지만 쇼와시대 초기(20세기 전반)에 이곳은 서커스 극단과 노점상들이 많은 번화가였다고 한다.

www.sapporo-park.or.jp/sousei
札幌市中央区(創成川通)北1条~南4条
Sousei River St between North1 and South4, Chuoku, Sapporo

07 노는 것이 남는 것 지사 공관

우리가 지사 공관에 도착했을 때 마침 잔디밭에서는 스프링쿨러가 회전하고 있었다. 지사 공관은 지하철에서 아이들 걸음으로 약 7~8분 정도 소요되었는데 '걷기 알레르기'가 있는 민유는 기분이 썩 유쾌하지 못했다. 그렇지만 도시의 다른 건물들과는 사뭇 다른 지사 공관을 본다면 마음이 풀리리라. 드디어 무성한 나무들 사이로 독일 동화집에서 본 듯한 하얀 회벽이 보였고 그 옆으로 작은 문이 열려 있었다. 문을 통과하자 비밀의 화원으로 들어선 듯 한낮의 반짝반짝 빛나는 잔디밭이 우리를 기다리고 있었다. 아이들은 누가 먼저랄 것도 없이 물줄기를 피해 회전 중인 스프링쿨러 바로 아래로 달려갔다. 방금 전까지 다리 아프다며 찡그리던 꼬맹이는 마술처럼 온데간데없이 사라져버렸다. 다만 숨 넘어갈 듯 깔깔거리며 요리조리 물줄기를 피해 달리는 기운 넘친 육상꼬마 민유만이 있을 뿐이었다.

민자매의 노는 모습이 재미있어 보였는지 주위에 있던 다른 일본 꼬마들도 합세, 평소엔 손 씻다가 소매만 젖어도 옷을 갈아입혀달라고 조르던 민유는 이 날 머리며 원피스가 다 젖어도 불평 한마디 없이 유쾌해했다. 한참을 놀고 공관 내부를 구경하러 들어갔는데 창문 너머로 우리를 지켜본 직원이 함박웃음을 지으며 반갑게 맞아주었다.

여덟 살이라는 나이 차이가 전혀 느껴지지 않았던 여름의 어느 날 오후.

북해도 / 삿포로 / essay07

Governor's Official Residence 지사 공관

1936년에 지은 건물로 오랫동안 주지사 공관으로 사용되었다. 현재는 회의나 행사에 널리 사용되고 평상시에는 내부 견학이 가능하다. 유형문화재로 상당 부지가 환경 녹지 보호 구역으로 지정되어 보호 되고 있다. 1983년에 도립 근대 미술관을 오픈하여 많은 이들의 휴식처로 사랑받고 있다.

www.bit.ly/chijikoukan
札幌市中央区北1条西16丁目(North1 West16-chome, Chuoku, Sapporo)
open 4월 29일-11월 30일(08:45-17:30)

북해도 / 삿포로 / 모에레누마 공원

벚나무 숲. 7군데의 놀이터가 숲속에 숨어있다.

Moerenuma park 모에레누마 공원

'공간을 조각하다'

모에레누마를 설계한 조각가 이사무 노구치의 철학이다. 삿포로의 북동부에 위치한 쓰레기 매립지였던 이곳을 그는 완벽한 예술공원으로 재탄생시켰다. 1982년에 착공하였고 노구치가 사망한 1988년부터는 재단의 감수 하에 노구치의 뜻을 이어 완공하였다. 2002년에는 일본 굿 디자인상을 수상하기도 했다.

다이내믹한 공원에 들어서면 마치 조각작품으로 들어가는 듯한 기분이 든다. 봄에는 벚꽃이 피고 여름에는 모에레 비치에서 수영을 하고 가을에는 공원 전체가 노랗게 물들고 겨울에는 스키를 즐길 수 있는 마법 같은 곳이다. 덕분에 삿포로 시민들의 자랑이자 사랑을 듬뿍 받는 장소가 되었다.

어디에서도 볼 수 없는 독특하고 기하학적인 놀이기구의 배치는 꼬맹이들을 홀리기에 충분하다.

www.sapporo-park.or.jp/moere
札幌市東区モエレ沼公園1-1(Moerenuma-koen 1-1, Higashi-ku, Sapporo)
open 07:00-22:00

북해도 / 삿포로 / 비바이

08 Arte piazza 야스다 칸을 찾아서

'비바이'로 가는 JR패스를 달라고 하자 직원(삿포로 인포메이션)은 아사히카와에서 갈아타야 한다고 말하며 '비에이' 티켓을 내밀었다. 비에이가 아닌 비바이라고 말하니 상냥한 미소로 표를 교환해 주며 그곳에는 왜 가냐고 묻는다. 가방 속에서 사진을 보여주며 말했다. "아르테 피아짜, 여기에 가려구요." 그러자 일본에 거주하고 있냐고 물었다. 아마도 관광객들이 주로 가는 곳은 아닌 모양이다.

기차는 30분정도를 달리더니 비바이역에 정차했다. 역에는 작은 대리석 조각 한 쌍이 있었는데 한눈에도 그것이 '야스다 칸'의 작품임을 알 수 있었다. 작은 탄광마을이었던 이곳 비바이는 세계적인 조각가 '야스다 칸'의 고향이다. 역 앞에서 택시를 타고 아르테 피아짜로 향했는데 택시기사는 무엇인가를 열심히 설명했다. 일본어를 모르는 우리는 그저 미소로 회답할 뿐. 택시기사는 우리의 무응답에도 아랑곳 하지 않고 끝없이 이야기를 했다.

창밖으로 보이는 풍경은 조금 낯설었다. 비바이는 계획에 없던 여정이었다. 순간 '우연 같은 필연'이라는 말이 떠올랐다.

북해도에 오기 전 우리는 그의 존재를 전혀 몰랐다.

삿포로역을 오고가며 마주쳤던 구멍 뚫린 하얀 조각품. 민유는 그 안으로 통과 하는 것이 즐거운 모양이었다. 다른 아이들도 그런지 조각품에는 시도때도없이 꼬맹이들이 옹기종기 매달려 있었다.

며칠 후, 지사공관 2층에서 같은 모양이지만 10분의 1크기로 축소된 것을 보았다. 아이들은 반가워했고 그때 처음으로 이게 뭘까하고 조각가에 대한 궁금증이 생겼다.

민소는 삿포로 곳곳에서 만나는 야스다의 조각품을 사진으로 담아냈고 내친김에 그의 고향인 비바이까지 방문하기로 했다. 택시에서 내리자 멀리 물장난을 치며 노는 아이들이 보였다. 얼핏 천국의 문처럼 보이는 조각작품 아래로 흐르는 물가의 돌멩이는 눈이 시리도록 새하얗다. 자세히 보니 그냥 돌멩이가 아니라 이 또한 대리석으로 깎아놓은 작품의 일부였다. 아이들뿐 아니라 어른들도 곳곳에 놓인 조각품 안으로 들어가고 기대며 기념촬영을 하는 모습이 보였다. 으레 '작품에 손대지 마시오'가 당연하다고 배워왔는데 말이다. 보는 조각품에 그치는 것이 아니라 공간 속에서 사람과 함께 숨쉬는 여유로움과 활력을 주는 곳. 그래서 그곳의 인상이 그대로 작품이 되는 듯 했다.

Arte piazza 아르테 피아짜 비바이

야스다 칸의 고향인 비바이에 만들어진 야외 조각 공원.
「아르테 피아짜」는 이탈리아어로 '예술의 광장'이라는 뜻이다. 탄광산업이 쇠퇴하자 함께 사라질뻔한 학교를 개조해서 야외 조각 공원을 만들었다. 일년 내내 아트 이벤트와 체험교실 행사가 열린다. 목조건물 1층은 현재도 시립유치원으로 사용되고 있다. 삿포로에서 북동쪽 아사히카와 방면. 특급열차로 30분 소요.

www.artepiazza.jp
北海道美唄市落合町栄町(Ochiai-cho Sakae-Machi, Bibai)
open 09:00-17:00 / closed 화요일, 공휴일 다음날.
비바이역에서 버스시간표를 얻어가면 편리하다.

북해도 / 삿포로 / 아르테 피아짜 비바이

08 엄마는 힘이 없어 그래도 똑같이 사랑해

자다가 다리가 아파서 새벽에 일어나 파스를 붙였다.
100m 이상 절대 걷지 않는 민유를 안고 업고… 덕분에 밤이면 허리며 다리며 안 아픈 곳이 없었다. 아무래도 다음 여행의 필수품은 밑창 쿠션이 도톰한 스포츠화가 될 것 같다. 파스를 붙이고 다시 자려고 침대에 누웠는데 옆방인지 윗방인지에서 웃음소리와 대화소리가 끊이지 않고 들렸다. 무슨 파티를 여는 걸까? 여행 첫 날은 숙소가 너무 조용하고 잠잠해서 불안감에 잠을 이루지 못했었다. 다행히 다음날 1층 세탁실과 로비에 젊은 여행자들이 여럿 보여서 안심이 되었다. 이곳도 하루 이틀 지나니 점차 적응이 되고 정이 드는 것 같다.
한편 밖에서 들리는 웃음소리에도 아랑곳 하지 않고 아이들은 너무도 곤히들 주무신다.
민유 꼬맹이는 요즘 "힘드러워, 힌드러워"를 입에 달고 지낸다. 그러면 민소가 옆에서 "너만 힘들어? 너는 가방도 안 들면서 뭐가 힘들어?" 한마디 한다. 민유는 코를 최대한 찡그리며 "아냐! 내가 제일 힘드러워! 나만 힘드러워!" 소리치며 싸우기 일쑤이다.
내가 민유를 업으면 민소는 자기 가방에 내 가방까지 함께 들어야 한다. 한두 개라도 쇼핑을 하는 날이면 짐은 배가 되고 내가 힘든 것만큼이나 민소도 체력적으로 힘이 부칠 것이다. 그래서일까? 어제부터 머리가 아프다더니 오후에는 콧물까지 흘렸다.
"엄마, 나 짐꾼이야? 왜 맨날 난 짐만 들고 다녀? 엄마는 민유만 좋아하는 거지? 맨날 민유가 하자는 것만 하고."
"아니야, 민유는 떼를 많이 쓰지만 또 항상 엄마를 찾고 안기니까 돌봐주고 신경쓰는 거야. 엄마가 큰딸을 얼마나 사랑하는데 그런 말을 하니?"
내가 힘들 때마다 짐을 들어주고 민유도 종종 안아줘서 다 컸다고만 생각했는데 민소는 이런 상황들이 내심 서운했었나보다. 하긴 민소도 아직 초등학생이고 어린이인데…

낮에 큰 사탕가게를 갔었다. 민유가 사탕 광고가 나오는 텔레비젼과 장난감에 정신이 팔려 있을 동안 나는 민소의 옆구리를 쿡 찌르며 재빨리 사탕을 한 봉지 고르라고 했다. 그렇게 민유 몰래 민소에게만 달콤한 사탕을 한 봉지 안겨줬다. 그리곤 아무 일 없다는 듯 시치미를 떼고 다시 막대사탕 두 개를 골라서 아이들에게 공평하게 하나씩 나눠 주었다.

오는 길에는 감기약도 사서 먹였다. 물어 물어 약국을 찾고 손짓발짓해가며 감기약 사는 것까지 성공.

하지만 오늘 민소의 감기엔 엄마가 고군분투해서 산 감기약보다 민유 몰래 사준 사탕 한 봉지가 더 큰 특효약이었으리라. 사탕 한 봉지에 비로소 엄마의 사랑을 확인한 듯 미소 짓는 모습이 영락없는 초등학교 6학년 어린아이라는 생각이 들었다.

내일 아침엔 그냥 택시를 타고 길을 나서야겠다.

> 도쿄에 비해 크기가 작은 삿포로는 만원 정도면 어지간한 시내는 이동이 가능하다. 힘들게 지도 보며 헤매지 않아도 되니 체력도 시간도 절약된다며 합리화의 도장을 쾅!

세계 어디에서든 장보기의 하이라이트는 시식인 것 같다.
저녁이면 백화점 식품관에서 시식의 맛에 빠진 아이들.
오동통 도톰한 소세지를 먹은 민유는 "하나 더"를 외쳤고
직원분은 웃으며 이쑤시개에 꽂힌 소세지를 민유 손에 쥐어주었다.
그런데 민유는 소세지를 먹지 않고 들고만 다녔다.
"왜? 안 먹을 거야?"
단호한 표정으로 "집에 가서 먹을래."
"집에 도착하려면 시간이 많이 걸려. 지금 먹어야 해."
내 강요로 마지못해 민유는 소세지를 입에 넣었다.
그렇게 장을 보고 5분정도 걸어서 숙소에 도착했다.
엘리베이터를 타고 민유를 보니 뭔가를 물고 있는 것처럼 볼이 볼록 튀어나와 있었다.
"민유야, 사탕 먹고 있어? 어디서 났어?"
민유는 또다시 단호한 표정으로
"집에 가서 먹을래."

Minso's diary

7월 16일

새벽 4시 30분에 눈이 떠졌다. 신기하게 하나도 졸리지 않고 눈이 초롱초롱했다.
오늘이 화요일이라는 것을 생각해내고 화장실로 가서 변기 뚜껑을 닦은 후
그 위에 앉아 웹툰을 보았다. 왠일로 '마음의 소리' 의 별점이 꽤 낮았다.
웹툰을 다 보고 준비를 해서 공항으로 향했다. 공항 보안 검색대에서 담당 아저씨가
내 필통만 확인을 했다. 아마도 철로 된 물건이 많아서 그랬을 거다.
예전에도 무심코 넣어두었던 좋은 가위를 빼앗긴 적이 있다.
삿포로에 도착해서 우리는 JR기차를 타고 시내로 들어갔다.
거기서 민유와 돋보기 놀이를 했다.

〈돋보기 놀이란?〉
1 술래를 정한다. 2 술래가 돋보기를 숨긴다. 3 찾는다. 4 무한반복(뫼비우스의 띠).
민유는 이 놀이가 정말 재미있나 보다.

7월 17일

와이파이가 안 터진다. 으아아 Aㅏ Aㅏ Aㅏ Aㅏ ~
후. 어쩔 수 없이 인터넷은 포기하고 문명이 발달하기 전처럼 그림을 그리며 놀아보자.
다행히 아이패드에 영화를 다운 받아와서 어제는 '오페라의 유령' 을 보았다.
음- 몇 번을 다시 보아도 정말 재미있다. 특히 마지막 오페라의 유령이 가면 무도회
노래를 따라 부르는 장면은 완전 슬펐다.
오늘 아침에는 '레미제라블' 을 봤다.
낮에 공원을 다녀오는데 집을 얼마 앞두고 민유가 똥 마렵다고 앙앙앙~ 난리를 쳤다.
그래서 힘들게 엄마가 민유를 안고 뛰었다.
민유는 집에 오자마자 화장실에서 설사를 했고 나는 레미제라블을 라마르크 장군이
죽었던 부분부터 다시 봤다. 정말 재미있었다. 저녁으로는 만두, 김밥, 유부초밥을 먹
고 후식으로 복숭아를 먹었다. 그리고 나카지마 공원 놀이터에서 놀았다.
미끄럼틀이 제일 재미있었는데 도르레(?)처럼 둥그렇게 돌아가는 거다.
집으로 돌아오다가 길거리에서 와이파이를 잡고 잠시 카스를 하고 웹툰도 임시 저장했
다. 아 피곤하다. 내일도 재미있고 평화로운 하루가 되길 ~

2 Sapporo
동네 한바퀴

09 샤갈의 오페라하우스 분배정책

B·C·S 카페 입구에 붙어있는 샤갈의 전시 포스터. 샤갈 전시는 예전에도 봤지만 이번 전시는 어딘지 달라보였다. 포스터 위에는 'Le plafond de l'opéra'라고 적혀있었다. '가르니에(오페라하우스)의 천장'. 샤갈은 1964년 프랑스의 오페라하우스 가르니에의 천장화를 의뢰받고 작업을 했는데 그에 관련된 전시인 모양이다. '오페라의 유령'의 열렬한 팬인 민소에게 "전시에 가고 싶니?" 물으니 당연하다는 듯 고개를 끄덕였고 다음날 우리는 샤갈의 전시가 한창인 '북해도립 근대미술관'을 찾았다. 민소가 초등학생이라는 말이 못 미더운지 생년월일을 물어보는 매표소 직원은 망설임없이 술술 대답하는 내게 친절한 표정으로 어른표만 계산하면 된다고 했다.

설레는 마음으로 전시장에 들어섰는데 우리집 앙팡 테러블인 민유의 입에서 슬슬 낑낑대는 소리가 새어나오기 시작했다. 처음엔 엄한 표정으로 으름장을 놓다가 다른 사람들에게 피해가 갈 것 같아서 그냥 민소에게 혼자서 천천히 전시를 둘러보라고 했다. 그리고 나는 민유와 의자에 앉아 그림을 그렸다. 사실 처음부터 민유가 전시에 집중할 거라 기대하지는 않았다. 샤갈이 뭔지도 모르는 민유에게 가르니에의 그림들이 무슨 재미가 있겠는가? 그렇다고 항상 민유 위주의 장소를 다닐 수만은 없는 노릇이다. 엄마가 자꾸 언니에게 신경을 쓰는 것 같았는지 전시를 다 볼 때까지 민유는 화가 나 있었다. 미술관 숍에서 몇 가지 기념품을 고르려는데 민유가 로비 의자에 앉아 절대 일어나지 않겠다고 고집을 피웠다.

그럼 그렇게 하려무나. 그냥 그렇게 한참을 혼자 놔뒀다. 숍에서 물건을 사고 돌아오니 낯선 장소에서 혼자 있었던 것이 무서웠는지 결국엔 백기를 들고 내게 안겼다. 민유는 사랑받고 싶은 욕구도 많고 사랑하는 마음도 많은 아이다. 그런 둘째의 마음을 알기에 어느 정도 떼를 써도 용인해주는 편이었다. 그렇지만 공공장소에서 남에게 피해를 주는 행동을 해서는 안된다는 생각이다. 이날 민유는 여행 와서 처음으로 엄마의 무서운 표정을 보았을 것이다. 후에 민유는 기념품으로 구입한 샤갈 노트를 볼 때마다 웃으며 이렇게 말했다.
"엄마, 내가 이때 떼를 많이 썼지?"
"음, 조금."
"엄마, 미안해요."
"에구 괜찮아, 알면 됐어."
'사실은 엄마도 마음이 좋지 않았어. 너에게 언제나 즐겁고 재미있는 시간들로만 채워주고 싶지만 그러다가 그릇된 인성과 사회성을 가질까봐 걱정이 되서 그러는 거야. 힘들어도 참을 수 있는 인내를 조금씩 조금씩 배워보자. 꼬마 민유야.'

북해도립 근대미술관
1977년 개관한 북해도립 근대미술관은 소장한 작품들을 전시하는 상설전과 다채로운 작품들을 소개하는 특별전으로 나뉘어져있다. 주로 북해도와 인연이 있는 작가들의 작품을 꾸준히 수집하고 전시한다. 1920~30년대 파리에서 활약한 '에콜 드 파리' 작가들의 작품들도 많이 소장하고 있다.

www.aurora-net.or.jp/art/dokinbi
札幌市中央区北1条西17丁目(North1 West17 Chuoku, Sapporo)
open 09:30-17:00 / closed 월요일

10 산책하기 좋은 동네 마루야마

아빠의 심부름은 언제나 오빠와 내 차지였다. 우리집은 골목 안에 있었는데 가로등 하나 서 있질 않았다. 밤에 심부름을 갈 때면 너무 무서워서 오빠손을 꼭 잡은 채 눈을 질끈 감고 걸었다. 그렇지만 아침에는 혼자 산책을 할 때도 많았다. 골목의 앞길은 큰길을 향해 있고 골목 뒷길은 시장을 향해 있었는데 나는 주로 뒷길로 이어지는 시장을 좋아했다. 단독주택을 불편해 하셨던 엄마는 5학년 때 아파트로 이사를 했고 그 후론 줄곧 아파트에서만 생활했다.
몇 년 전에 어릴 적 살았던 2층집이 그리워서 찾아간 적이 있는데 그곳은 이미 아파트단지로 변해 있었다. 산등성이에 있어 아침마다 등반하는 기분으로 등교했던 고등학교도 마찬가지였다. 학교는 그대로였지만 주변은 예전 흔적이라곤 한 톨도 찾아볼 수 없을 정도로 변해있었다. 길은 네모 반듯해지고 숨 쉴 틈 없이 높은 아파트들이 그곳에 자리해 있었다. 깎인 산등성이만큼이나 추억도 깎여 사라져버린 기분이었다. 오른쪽 골목 끝에 있던 진이 할아버지의 구멍가게는 물론 비교적 오래지 않은 대학시절 기찻길 옆 허름한 작업실까지, 이제는 내 머릿속에서만 존재하는 곳이 되어버렸다.

그래서인지 여행길에서는 랜드마크나 쇼핑몰보다는 좁은 골목과 오래된 산책로를 자주 찾게 된다. 골목 골목을 걷다가 우연히 만나는 작은 가게도 좋고 담장 너머 창문으로 살짝 보이는 다른 나라 살림살이 구경도 재미있다. 마루야마는 삿포로 서쪽에 위치한 동네로 관광객들에게는 마루야마 동물원으로 알려진 곳이다. 우리도 처음엔 미술관을 찾으러 왔다가 길을 잘못 들어서 우연찮게 골목을 헤매게 되었다. 그러다 발견한 곳이 부드럽고 고소한 아이스크림으로 유명한 '반스'. 넉넉한 시간을 갖고 천천히 둘러보고 싶은 동네, 여행을 다녀온 후 종종 생각나는 동네이기도 했다.

북해도 / 삿포로 / essay10

Barnes 반스

세계의 맛있는 아이스크림을 다 먹어보고 싶다는 민소. 주택가에 위치한 소프트아이스크림 가게인 반스는 한가롭고 편안했다. 창 너머 푸르른 공원을 바라보며 느긋한 시간을 보낼 수 있어 좋았다. 진하고 부드러운 북해도산 우유맛이 살아있는 '리치 밀크'와 상큼한 '망고 소프트크림'을 추천.

www.barnes-web.com
札幌市中央区宮の森1条11丁目1-14
11 Chome-1-14 Miyanomori 1 Jo Sapporo
open 10:00-19:00
closed 5월-10월(화요일), 11월-4월(화요일, 금요일)

컵 사이즈를 고를 수 있다.

JETSET 제트세트

마루야마 공원역과 18초메역 중간에 위치한 제트세트는 인테리어숍과 카페가 함께 어우러진 편안한 공간이다. 1970년에 지어진 주택을 리모델링하였다. 내부는 가리모쿠를 비롯한 60~70년대의 모던 디자인 가구들로 꾸며져있다. 2층에 놓여진 에그체어가 유독 눈에 띄는데 에그체어의 모양은 제트세트의 심볼이기도 하다. 카페에서 판매하는 음식의 원산지는 모두 북해도라고 한다.

www.jetsetharaiso.blog58.fc2.com
札幌市中央区大通西22丁目1-7(22-1-7 Odorinishi, Chuo Ward, Sapporo)
open 화-일 11:30-21:00 / closed 월요일

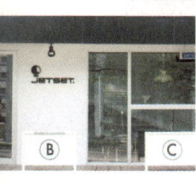

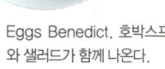

Eggs Benedict. 호박스프와 샐러드가 함께 나온다.

Sabita 사비타

멀리서도 한눈에 보이는 깔끔한 외관. 하얀 문을 열자 먼저 높은 천장과 밝은 소나무 바닥 그리고 커다란 통유리가 차근차근 눈에 들어왔다. 나무 테이블에 정갈하게 놓인 그릇 세트를 보니 그대로 들어서 우리집에 옮겨놓고 싶은 마음이 들었다. 직원인 아키코Akiko 씨는 사비타에 입점한 'ARTS&SCIENCE'의 크리에이티브 디렉터인 소냐 박Sonya Park도 한국 출신이라며 반가워했다.

그 외에도 소박하면서 우아한 장인의 그릇과 품질 좋은 의류, 소품들이 사비타를 가득 채우고 있다. 내부를 통해 올라가는 2층 카페에는 디자인 서적이 비치되어 있어 차와 디저트를 즐기며 잠시 여유를 가져도 좋을 것 같다. 카페의 테이블 웨어는 모두 오너인 마유미 요시다Mayumi Yoshida 씨가 개인적으로 가장 좋아하는 캐나다 작가인 Mjölk의 작품이다.

www.sabita.jp
札幌市中央区北1条西28丁目2-35 MOMA Place(North 1 West 28-2-35 chuoku, Sapporo)
open 12:00-18:00(일요일 12:00-17:00) 미국 대사관 앞.

북해도 / 삿포로 / 마루야마 / 사비타

오너인 마유미 요시다(Mayumi Yoshida) 씨.
사비타는 아이누어로 '수국'이라는 뜻이다.
1 독일에서 활동하는 도예가 이영재 작가의 테이블 웨어.
2 사비타의 따뜻한 분위기가 그대로 느껴지는 디스플레이.
3 사비타에서 직접 프로모션한 도기들. **4** 2층에서 바라본 전경. **5** ARTS&SCIENCE의 제품도 만날 수 있다.

Miyanomori Art Museum 미야노모리 미술관

멀리서도 한눈에 띄는 미야노모리 미술관은 마루야마를 더욱 생기있는 동네로 만들어주는 듯하다. 20세기 후반 이후의 작품들이 주를 이루며 국내뿐 아니라 수준높은 해외작가들의 특별전을 개최하는 것으로도 유명하다. 레스토랑 '콩트 드 페'에서는 전시와 연계된 예술&푸드를 선보이고 기념품숍에서는 자체제작 상품뿐 아니라 뉴욕 모마Moma의 디자인 상품도 판매한다. 외벽의 감각적인 페인팅은 프랑스 추상화가 Guillaume Bottazzi가 2011년에 일어난 동일본 대지진을 위로하는 뜻으로 '희망'이라 이름 붙인 작품이다.

www.miyanomori-art.jp
札幌市中央区宮の森2条11 - 2 - 1(Miyanomori 2 11 Chome-2-1 Sapporo)
open : 10:30-19:00(입장은 6:30까지)
closed : 화요일, 국경일

북해도 / 삿포로 / 마루야마 / 미야노모리 미술관, 프레스

1 핸드메이드 작가 Kicca 씨의 북유럽 소품책과 Kicca 씨 원데이 클래스 때 수업했던 패키지도 판매 중. 2 프레스의 오너인 Yuka 씨.

Press 프레스

북해도에서 작은 북유럽을 만날 수 있는 곳.
프레스는 노르딕(핀란드, 스웨덴, 덴마크)과 발틱(리투아니아, 에스토니아, 라트비아)의 제품들이 주를 이루는 소품숍이다. 붉은색 나무문을 열고 이층으로 올라가면 오너인 유카Yuka 씨가 하나, 둘 정성스레 고른 북유럽 그릇, 소품, 패브릭이 옹기종기 모여있다. 부정기적으로 원데이 클래스를 열며 인지도 높은 핸드메이드 작가들의 강의도 진행한다. 일본어나 영어가 가능하다면 외국인도 참여 가능하다.

www.momentsdepresse.com
札幌市中央区南3条西26丁目2-24 もみの木SO 2F
South3 West26 Chome-2-23 Minami 3 Jo Chuo-ku, Sapporo
open : 12:00-18:00(일요일 12:00-17:00)
closed : 월요일
마루야마 공원역에서 도보 5분, 마루야마 백화점 뒷쪽, 카페 모리히코 근처에 위치.

MORIHIKO 모리히코

신선한 직화 로스팅으로 유명한 모리히코 본점은 생각보다 아담했다. 모리히코는 삿포로에 여러 숍을 운영 중이며 주로 빌딩, 공장, 창고, 민가를 개조해 만드는데 각각 컨셉과 디자인이 다르다.

주택가에 위치한 마루야마점은 목조 민가를 개조해 만든 3층 건물이다. 아담하지만 차분하고 따뜻한 분위기. 나무 계단을 오를 때 들리는 삐걱거림까지 정겹게 느껴진다. 여름에는 담쟁이 덩굴이 예쁘게 올라오고 겨울에는 나무장작들 위로 쌓인 흰 눈이 인상적인 곳이다. 아이들과 함께라면 밝은 분위기의 '모리히코 아틀리에'와 디저트가 강세인 '마리 피에르' 점도 추천한다. 물론 모든 지점에서 빼놓지 말고 맛보아야 할 것은 당연 커피. 각 지점에서는 부정기적으로 커피클래스를 진행 중이다(자세한 사항과 약도는 홈페이지를 참조).

www.morihiko-coffee.com
마루야마점 : 札幌市中央区南2条西26丁目2-18 open 12:00-22:30.
모리히코 아틀리에 : 札幌市中央区南1条西12丁目4-182 open 10:00-22:30
마리 피에르 : 札幌市中央区南8条西14丁目3-12 open 10:00-19:00 closed 목요일

마루야마 모리히코 본점.

북해도 / 삿포로 / 마루야마 / 모리히코

1 아뜰리에 모리히코. Nishi 11chome역에서 노면열차 방면으로 도보 5분. 2 3 동화책이 비치되어 있어 아이와 함께 가기에 좋다. 4 신선한 원두와 쿠키도 구입 가능하다.

11 토끼야 어디 숨었니? 마루야마 동물원

북해도에서 하릴없이 비눗방울이나 불며서 세월아, 네월아~ 할 거라 생각했던 건 순진한 나의 기우(?)였다. 이곳에서 우리는 나름대로 바쁘고 알찬 스케줄을 소화하고 있었다. 보름이 아닌 한 달, 두 달을 지내는 것도 전혀 심심하거나 지루할 것 같지가 않았다.

민유는 첫날, 쉴 새 없이 안아달라 업어달라 요구한 것에 비하면 이제는 많이 양호해졌다. 고 사이에 많이 자란 것 같다. 동일한 거리라도 도심보다는 공원이나 산책로를 걸을 때 훨씬 컨디션도 좋고 씩씩하게 잘 걷는다. 오늘은 민유가 좋아하는 토끼를 만나러 동물원으로 향했다. 지하철을 타고 마루야마 코엔역에서 하차. 동물원은 공원 안쪽에 있었는데 우리는 앞서 가는 할아버지와 손녀를 뒤따라갔다. 물어보진 않았지만 내심 그들도 분명 동물원에 갈 거라 확신하며… 그런데 길은 깊은 산속에 들어선 것처럼 키 큰 나무들이 빽빽이 우거져있고 아무리 걸어도 걸어도 동물원이 존재하지 않을 듯한 분위기였다. 설상가상으로 지나가는 사람도 없고 할아버지와 손녀도 저 멀리 뒷모습만 간신히 보였다. 1km는 족히 걸은 것 같은데…
"엄마, 토끼랑 동물 친구들이 모두 꼭꼭 숨어라 숨바꼭질 하나봐."
"하하. 정말 민유 말이 맞나봐. 어디 숨었니(당최 어디에 있니)?"
한참을 걸으니 숲 오른쪽으로 빠지는 길이 하나 보였다. 비탈길을 올라 거의 유턴하듯 길을 꺾으니 드디어 동물원이 모습을 드러냈다.
나중에 보니 공원 옆 도로를 따라 올라오면 되는 것을 공원 끝으로 연결된 숲속으로 빙그르 돌아온 것이었다. 동물원에 도착하니 그 앞에는 택시도 있고 버스도 있고…

다른 놀이터에 갔을 때도 느꼈지만 북해도의 동물원은 굉장히 깨끗하고 아이들의 편리성을 고려하여 디자인이 되어있었다. 보통 우리나라에선 동물들을 아이들에게 보여주려면 안아서 올려주거나 목마를 태워줘야 한다. 게다가 호랑이나 사자 등의 맹수들은 너무 멀리 있어 자세히 보기가 힘들었던 것이 사실. 그런데 이곳은 아이들 키높이에 맞춰서 펜스가 있고 동물 우리를 따라 옆으로 돌아가면 통유리가 설치되어 가까이서 곰이나 늑대를 충분히 관찰할 수 있어서 좋았다. 중간에 위치한 깔끔한 휴게실은 도시락을 먹거나 관찰일지를 적기에도 편리했다. 순전히 아이들 때문에 선택한 동물원이었지만 역시나 오기 잘했다는 생각이 들었다.

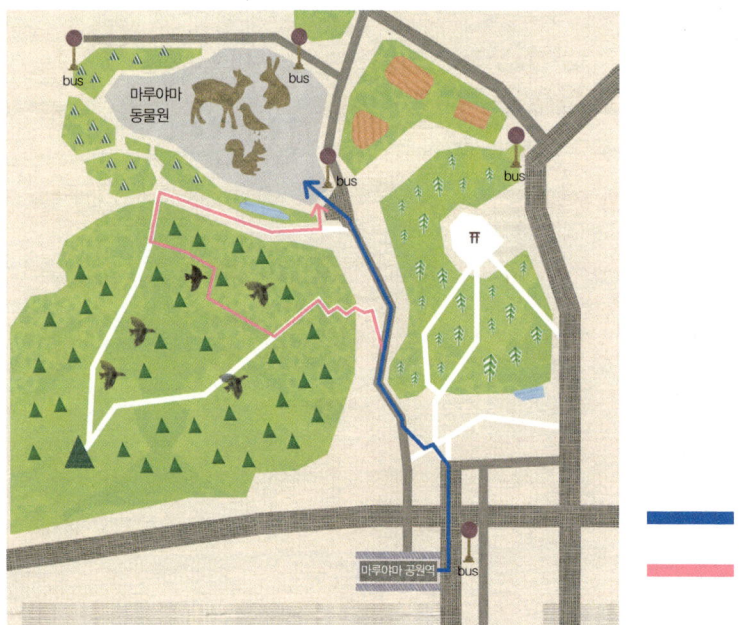

제대로 마루야마 동물원 가는 길.
우리가 헤맸던 길.

북해도 / 삿포로 / essay11

1 동물원 내 휴게실. 넓고 쾌적해서 도시락을 먹으며 휴식을 취하기 좋다. **2** 마루야마 공원 지하철역 통로. 동물 모양의 타일이 길을 안내한다. **3** 동물원으로 소풍 온 유치원 아이들.

Sapporo Maruyama Zoo 마루야마 동물원

1951년 도쿄 우에노 동물원을 잠시 옮겨 삿포로에서 개최했는데 호응이 좋아서 어린이날에 개원을 하게 되었다. 184종 829마리를 사육, 전시하고 있으며 최대한 서식지의 환경과 가깝도록 재현했다. 동물 본연의 행동을 이끌어내고 관객이 동물과 자연스럽게 어울리도록 하는 '서식 환경 전시'가 컨셉이다.

www.city.sapporo.jp/zoo
札幌市中央区宮ヶ丘3番地1(3Chome-1 Miyagaoka Chuoku, Sapporo)
open 2월-10월 09:00-17:00 / 11월-1월 16:00
마루야마 공원역 도보 12분
고등학생 이상 600엔, 중학생 이하 무료. 유모차 대여 가능.

12 달콤한 시간 속으로 삿포로 스위츠

저녁 산책까지 마치고 아이들과 잠자리를 준비하는데 TV에서 스위츠 탐방 프로그램을 방영했다. 여성 리포터는 동그란 초콜릿 케이크를 한입 베어 물고는 일본사람 특유의 과장된 제스처로 '오이시'를 연발하였다. 어찌나 맛있게 먹던지 일본어를 모르는 나까지 어느새 TV에 집중하고 있었다. 그리고 계속 들리는 익숙한 단어는 '삿포로 스위츠'.

일본에서 제일 먼저 낙농업을 시작한 북해도는 우유, 치즈, 케이크 등 유제품이 맛있기로 유명하다는 말을 들은 적이 있다. 매년 삿포로에서는 '삿포로 스위츠'라는 대회가 개최되고 수상을 한 디저트는 그 해의 삿포로 스위츠가 되어 유명 베이커리에서 판매된다.

TV에서 우리 모녀를 홀린 초콜릿 케이크는 바로 올해의 삿포로 스위츠. '스텔라&마리스'의 '블랙빈 초코 타르트'였다. 나는 내일 꼭 가겠다며 베이커리 이름과 주소를 꼼꼼히 메모했다. 그런데 다음날, 해당 베이커리에 가지 않아도 오도리역 지하에 '삿포로 스위츠'라는 카페에 가면 이제껏 수상한 여러 디저트들을 모두 맛볼 수 있다는 정보를 알아냈다. 아이들을 데리고 지하철을 두 번 갈아탄 후 모르는 동네에서 헤매는 것보다는 그냥 가까운 중심가에서 검증된 여러가지 디저트를 먹는 것이 더 효율적이라는 생각이 들었다.

'삿포로 스위츠' 카페는 생각보다 작았다. 아이들은 각자 먹고 싶은 것을 골랐고 케이크라고는 처음 맛본 것처럼 감탄해 마지 않았다. 어쩜 이렇게 입에 들어가자마자 사르르 녹는지… 난 으쓱한 표정을 지으며 "다 엄마 덕분이야, 너희들 안 싸우고 말 잘 들으면 다음에 또 올거야" 너스레를 떨었다.

삿포로 스위츠 대회

북해도의 농산물을 재료로 독창성 있는 양과자를 뽑는 대회가 '삿포로 스위츠' 이다. 매해 북해도 내 제과회사와 제과점이 참가하며 1차 심사는 일반 시민이 참여한다. 그랑프리로 뽑힌 양과자는 삿포로 시내 모든 제과점에 레시피가 공개되어 조금씩 다른 모양으로 응용되어 판매된다. www.sweets-sapporo.com

삿포로 스위츠 카페

삿포로 스위츠 안테나 숍으로 대회에서 수상한 여러 스위츠들을 한자리에서 맛볼 수 있는 곳이다. 오도리역 지하에 위치하여 접근성이 용이하다.

www.sapporo-sweets-cafe.jp
札幌市中央区大通西2丁目札幌地下街オーロラタウン内
open 11:00-19:30 오로라타운 내 위치. 오도리역과 연결되어 있음.

일본에서는 케이크, 과자, 초콜릿, 아이스크림을 스위츠(スイーツ)라 칭한다.

benbeya 벤베야

여행갈 때마다 빼놓지 않고 구입하는 목록 중 하나가 잼과 꿀이다. 벤베야는 2대에 걸쳐 북해도산 청정지역의 딸기와 우유, 생크림 등 최고의 재료만을 고집하는 베이커리 가게이다. 신선한 잼 이외에도 케이크, 쿠키, 초콜릿, 마카롱이 매장을 가득 채우고 있다. 본점은 중심가에서 조금 멀리 있어 가보지는 못했다. 오도리역과 연결된 '마루이 이마이' 백화점 지하 분점은 언제나 줄을 서야할 정도로 인기가 많다. 2010년 '삿포로 스위츠' 대회에서 북해도의 특산물인 치즈와 옥수수를 주재료로 만든 '삿포로 콘 웨리누'로 그랑프리를 수상했다. 단점이라면 아이들과 차분히 앉아서 먹을 테이블이 없다는 것 정도.

www.benbeya.jp
札幌市中央区南1条西2丁目 丸井今井札幌大通館地下2階
South1, West2 Chome, Chuoku, Sapporo
open 10:00-20:00
closed 부정기(마루이 이마이 휴업일)

Northern Terrace Diner 노던 테라스 다이너

삿포로 그랜드 호텔 1층에 위치한 카페겸 레스토랑이다. 뷔페식이지만 오후와 저녁에는 디저트와 단품요리도 맛볼 수 있다. 삿포로역과 오도리역 중간에 있어서 잠시 쉬며 창 너머 도시풍경을 감상하기에 좋다. 바로 옆 같은 건물 내 베이커리와 스타벅스 리저브에서는 품질 좋은 커피와 디저트를 맛볼 수 있다.

www.grand1934.com/rest/terrace
札幌市中央区北1条西4丁目(North1, West4 Chome, Chuoku, Sapporo)
open 06:00-22:30

kino cafe 키노 카페

대형 배급사의 틀에서 벗어난 좋은 작품을 상영하는 영화관으로 많은 사랑을 받고 있는 키노 극장. 삿포로 영화제를 개최하는 곳이기도 하며 어린이 영화 강좌와 어린이 영화 제작 워크숍도 열린다. 키노 카페는 극장 옆에 위치한 조용하고 편안한 분위기의 카페이다. 카페에서는 상영하는 영화와 관련된 세트메뉴를 선보이기도 한다. 일본어에 관심이 있다면 키노 극장에서 영화를 보는 것도 좋을 것 같다.

www.theaterkino.net
札幌市中央区狸小路6丁目南3条グランドビル2F
Grand Bldg 2F, South3, West6 Chome, Chuoku, Sapporo
open 11:00-19:30 / closed 화요일

GODIVA 고디바

갑자기 비가 내릴 때, 다리 아프고 힘들어서 당이 떨어졌을 때 자주 들렸다. 국내에서도 유명한 고디바는 벨기에에 본점을 둔 달콤한 초콜릿 카페이다. 삿포로 몇몇 백화점에도 입점해 있지만 우리가 자주 갔던 곳은 삿포로역과 오도리역 중간에 위치한 '일본 생명' 빌딩 1층. 삿포로 다른 지점에서는 판매하지 않는 소프트 아이스크림과 초콜릿샤(Chocolixir)를 맛볼 수 있다.

www.godiva.co.jp
札幌市中央区北三条西4-1-1 日本生命札幌ビル 1F
North3, West4 Chome, Chuoku, Sapporo
open 10:00-20:00 closed 부정기(일본 생명 빌딩 휴업일)

13 혼자만의 휴식 소량의 알코올과…

소소하지만 파란만장한 하루를 무사히 마친 후엔 작은 스탠드 불빛 아래서 일기를 쓰거나 예산 정리를 하며 나만의 행복한 시간을 즐겼다. 집에서는 밤마다 기본으로 책 세 권을 읽어주고 민유가 주인공인 이야기를 두 개 정도 지어서 들려준 후, 잠들 때까지 동요를 나즈막이 불러주는 의례를 마쳐야만 온전한 내 시간을 누릴 수 있었다. 하지만 24시간 밀착생활을 하는 북해도에서는 그럴만한 에너지가 남아있지 않고 또 자칫하다 함께 잠들어버리면 다음날 스케줄을 짤 수가 없기 때문에 모든 과정을 생략하고 바로 잠자리에 들도록 했다. 처음엔 옆에서 토닥거려주기를 바라던 민유도 어느덧 언니와 함께 잠드는 것에 익숙해진 건지 낮에 노느라 너무 피곤해서인지 며칠 지나자 무리없이 엄마의 자유를 허락하였다.

몇 해 전까지만 해도 커피나 맥주를 잘 마시지 않았다. 그때까진 분명 카페인과 알코올이 내 생체 리듬과 맞지 않았다. 잠이 쏟아지는 고3때도 커피는 입에 대지 않았고 술자리가 빈번했던 대학 신입생, 회사 신입사원 때도 알코올 분해능력이 부족하다며 꿋꿋이 거절했던 내가… 아이 둘을 키우면서 시나브로 그것들의 필요성을 절실히 느끼게 되었다. 폭풍 같은 아침등교 시간. 먹이고 입히고 데려다 주고 나면 부리나케 아메리카노(샷 추가) 한잔을 마시는 것이 습관이 되었다. 특히 이곳의 맥주는 어찌나 맛난지 북해도 여행 첫날에는 미니캔 하나 정도 마시면 졸려서 딱 잠들기 좋았던 것이 일주일이 지나기도 전에 큰 캔을 마실 정도로 주량이 늘었다. 하하하…

맥주를 아껴 마시며 이것저것 정리를 하는데 책상이 너무 좁아서 책들을 다 펼치기가 힘들었다. 꼬맹이 민유의 살림살이들이 책상 대부분을 장악하고 있기 때문이다. 나름대로 디스플레이는 또 얼마나 열심히 하는지 다른 이가 손을 대면 큰일이 난다.
이에 반해 민소는 민유와는 극을 이룰 정도로 요구하는 것이 없다(단 먹을 것 제외). 학교 갈 때 양말이 없으면 구멍난 것도 아무렇지 않게 신고 학용품도 좋은 것은 부담스럽다며 사양한다. 그렇다고 매번 민유만 배려하고 민유 것만 사줄 수는 없기에 나름대로 공정한 배분을 하려니 이것도 참 신경이 쓰인다.

물욕 많은 민유와 한량 기질이 다분한 민소. 옛날에 우산장수와 짚신장수를 아들 형제로 둔 어머니가 살았다는 이야기가 있다. 비오는 날은 짚신 장사를 하는 아들이, 맑은 날이면 우산 장사를 하는 아들이 걱정되어서 마음이 편치 못했다고 한다. 가끔 너무 다른 아이들 성향에 걱정이 들 때가 있다. 이래도 걱정, 저래도 걱정. 그러다 이내 곧 이야기 속 어머니가 생각나서 그냥 웃어버린다. 모든 것은 생각하기 나름이라는 뻔한 교훈을 참 잘도 이야기로 지어내었다. 내 사랑 아사히 블랙을 마시며 물끄러미 민유의 책상을 바라보다 나도 모르게 배시시 미소를 지었다.

김민유, 그래도 살림은 잘 하겠네.

Black Slide Mantra 블랙 슬라이드 만트라

오도리 공원에 위치한 검은 미끄럼틀은 조각가 이사무 노구치(Isamu Noguchi)의 작품이다. 눈이 많이 오는 삿포로의 겨울과 대비되는 검은색 화강암을 사용했다. 그는 이 미끄럼틀의 완성은 수많은 아이들의 엉덩이들로 이뤄질 것이라고 말했다. 그것은 아이들이 미끄럼틀을 탈 때마다 돌이 닦이고 윤이 나며 깊은 빛깔을 띠게 될 것인데 그것이 미끄럼틀에 생명을 준다는 뜻 아닐까. 이 아방가르드하면서도 세련된 미끄럼틀은 겨울뿐 아니라 여름에도 녹색 잔디, 뛰노는 아이들과 함께 아름다운 삿포로의 풍경을 선사한다. 보기보다 빠른 속도를 자랑하므로 타기 전 마음의 준비를 할 것.

14 아이들의 북해도

오도리 공원에서 만난 검은 미끄럼틀은 한번 보면 잊지 못할 매력을 품고 있었다. 단순한 디자인에 묵직한 화강암은 미끄럼틀을 타는 아이들을 안전하게 감싸 안고 있는 모습이었다. 조용하게 언제나 그 자리에서 아이들을 지켜주는 느낌. 마치 호밀밭의 파수꾼처럼…

삿포로는 아이들과 여름을 즐기기에 꽤 괜찮은 곳이다. 일단 비행시간이 짧고 동양권이라 아이들에게 별다른 이질감이 없다. 나 역시 영어, 일어 둘다 몰라도 전혀 부담되지가 않았다(런던에선 누가 말을 시키지 않아도 은근히 긴장).

도쿄는 너무 넓어서 이동이 힘들고 사람도 많고 복잡한 전형적인 대도시인 반면 삿포로의 중심가는 도보여행이 가능할 만큼 아담해서 피로감이 덜하다. 특히나 아이들을 배려한 공공디자인이 마음에 들었다. 다양한 미끄럼틀을 찾아 다니는 것도 재미있고 좋은 재질의 나무로 만들어진 지하도의 의자도 탐났다. 사실 민유를 데리고 다니면서 고마웠던 것은 무엇보다 깨끗한 화장실. 배변활동이 일정치 않은 아이라 급하게 화장실을 찾을 일이 많았는데 어디를 가든 깨끗하더라는… 심지어 산 속에 있는 화장실조차.

1 오도리역에서 스스키노역까지 이어지는 지하도의 나무 의자.
2 신치토세 공항의 플레이룸. 나무 볼풀장.

북해도의 작가들

이사무 노구치 Isamu Noguchi 1904-1988

1985년 뉴욕에 개인을 위한 뮤지엄으로는 최초로 '노구치뮤지엄'이 문을 열었다. 그는 조각가이자 건축가, 무대, 공간, 가구, 조명디자이너로 활동한 천재 작가였다. 사물의 외관보다는 본질을 어떻게 표현하느냐에 중심을 두었던 그의 작품세계는 20세기에 독보적인 위치를 차지했다. 그것은 아마도 그의 어린시절의 특별함과도 연관이 있을 것 같다. 그는 일본인 아버지와 미국인 어머니 사이에서 태어났다. 작가이자 교사인 어머니 길모어는 일본인 시인과 사랑에 빠졌는데 불행히도 이들은 이사무 노구치가 태어나기도 전에 결별하고 말았다. 러일전쟁의 여파로 미국에서 반일감정이 팽배하던 때, 두 살이 되었던 그는 아버지의 초청으로 일본으로 갔다. 그때 아버지는 이미 일본 여인과 결혼한 상태였다. 아버지는 아이에게 용기(勇)를 뜻하는 이사무라는 이름을 지어주었다.

어릴 적 꿈은 정원사 또는 원예사였다. 아홉살 때 목수들을 감독하며 집 짓는 것을 거들었고 집의 정원담당은 항상 이사무였다고 한다. 후지산과 바다가 보이는 집에서 살았다고 하는데 그런 곳에서 살면 누구나 시인이 되고 예술가가 될 것만 같은 생각이 든다.

이사무는 14세가 되던 해 미국으로 이주해서 다시 학업을 계속했다. 일본과 미국에서 유년시절을 보내며 스스로의 정체성에 의문을 가졌다. 그는 어린시절 뛰놀았던 일본 정원의 고요함, 소박한 일본의 도자기, 중국을 여행하며 감동했던 묵화기법, 이탈리아에서 발견한 대리석의 질감, 멕시코의 민중예술에서 받은 영감 등을 모든 작품에 투영시켰다. 그렇게 통합적이면서 창조적인 작품들을 탄생시켰고 많은 이들로부터 유기적이며 시적이고 정서적이며 신비주의적이라는 찬사를 받았다. 작곡가 존 케이지, 시인 에즈라 파운드, 건축가 루이 칸 등과 공동작업했고 무용가 마사 그레이엄의 무대 디자인도 진행했다. 삿포로에서는 오도리 공원의 미끄럼틀(블랙 슬라이드 만트라)과 모레에누마 공원을 설계했다.

야스다 칸 yausda kan 1945-

북해도 작가를 이야기할 때 빼놓지 않고 거론되는 이가 바로 조각가 야스다 칸이다. 그의 작품을 처음 만난 건 많은 이들이 쉴 새 없이 오가는 삿포로역이었다. 커다란 흰색 조각품 'MYOMU'는 꼬마 아이들에게 작은 놀이터가 되었다.

야스다는 삿포로에서 약 1시간 거리인 비바이시에서 태어났다. 도쿄 국립 미술대학에서 미술과 음악 석사 학위를 받고 이탈리아로 옮겨 공부를 계속했다. 그의 작품은 평온하고 정적이다. 무겁고 딱딱한 돌도 그의 손을 거치면 따뜻하고 부드러운 작품으로 변신한다. 자연과 조화를 이루는 작품, 자연의 일부분이 되는 작품. 사용된 재료는 대부분 이탈리아의 피에트라 산타 일대의 돌과 대리석이다. 이사무 노구치 또한 이탈리아 야스다 칸의 아틀리에에서 작품제작을 하였다고 한다. 그들의 인연은 그 뒤로도 계속 되었으며 재미있는 건 북해도를 대표하는 두 공원 '아르테 피아짜 비바이'와 '모에레누마 공원'을 각각 완성했다는 것이다. 그의 조각품은 삿포로 곳곳에서 만날 수 있다.

Photo from www.kan-yasuda.co.jp

아베 히로시 Abe Hiroshi 1948-

25년 동안 동물원의 사육사로 일했던 아베 히로시는 독학으로 그림을 그렸다. 우리에겐 늑대와 염소의 우정을 다룬 베스트셀러 『가부와 메이 이야기』의 그림작가로 잘 알려져있다. 오랫동안 동물과 함께 생활해서인지 그의 동화에는 고릴라, 사자, 수달이 많이 등장하며 거칠지만 따뜻하고 생동감 있는 이야기로 많은 아이들의 사랑을 받고 있다.

오바 히로시 Oba Hiroshi 1921-1988

삿포로를 대표하는 화가이자 만화가. 따뜻하고 부드러운 그의 그림들은 주로 만화, 잡지, 식품 포장에 많이 활용되었다. 오도리 공원 내 삿포로 자료관에는 그의 300여 점의 원화와 소장품들을 만날 수 있다. 생전 네덜란드에서 생활했던 아틀리에도 그대로 재현해 놓았다.

www.s-shiryokan.jp/o-ba.htm

"엄마, 이런 옷 말이야. 이런 옷이 필요해."
지하철역을 지나다가 벽에 붙은 포스터 속 여자아이를 가리키며
민유가 호소력 짙은 목소리로 내게 말했다.
"엄마, 자꾸만 요술봉이 생각나."
어제 도큐한즈에서 요술봉을 사달라고 조르는 민유에게 일단 집에 가고
잠을 자고 나서도 요술봉이 계속 생각나면 사준다고 약속을 했었다.
"엄마는 날 안고 있고, 아빠는 언니를 안고 있는 그림을 그려줘."
소꿉놀이 하는데 인형이 부족하다며 끊임없이
그려 달라고 조른다.
"엄마, 나 이거 필요해. 인형들 놓을 곳이 없어."
잡화점에 들렸을때 민유는 작게 칸이 나뉘어있는
그릇을 보더니 결의에 찬 표정으로 말했다.
누굴 닮아서 이렇게 물욕이 많은지…
민유야, 너에게 꼭 사주고 싶은 책이 한 권 있단다.
바로 법정 스님의 『무소유』야.
나중에 네가 조금 자라서 글을 잘 읽게 되면 꼭 사줄게.

Minso's diary

7월 19일

오늘은 마루야마 동물원에 갔다.
길이 Y자로 생겨서 우리는 오른쪽으로 갔다. 그쪽에 동물 그림도 있었기 때문이다. 사실 반대쪽이 지름길이었는데… 우리는 그렇게 690m를 사람이 없는 숲속에서 헤맸다. 아무튼 엄~청 힘들게 도착하여 동물 똥내를 맡으며 동물원 투어를 하였다.
엄마 얼굴에 벌레가 짓이겨 있었지만 엄마가 충격을 받을까봐 말하지 않았다.
처음엔 그냥 벌레가 잠시 쉬었다 가는 줄 알았는데
아니었다. 마치 점 같았다.

 이렇게 생긴 줄 알았는데

음… 그런데 동물원 시설이 진짜 좋았다.
펭귄도 가까이서 볼 수 있었는데 좀 무서웠다. 역시 새는 무섭다.
멍해 보여서 뭘 보는지 모르겠고 그냥 무섭다.
물개(바다사자일지도)는 물속을 볼 수 있게 내리막길에 유리를 설치하여
사람들이 볼 수 있게 하였다. 물개가 눈을 감고 수영을 했는데
왠지 웃고 있는 것 같았다. 아~ 귀여워라.

 이렇게 무섭게 새처럼 생겼다.

7월 20일

샤갈전에 갔는데 새롭고도 중대한 사실을 알게 되었다.
바로 샤갈이 파리, 가르니에 극장의 천장을 직접 그렸다는 것이다.
가르니에 극장은 '오페라의 유령' 의 배경이 된 곳이다.
샤갈의 그림은 몽환적이고 환상적이다(초현실주의=달리=콧수염?).
우리집에는 샤갈의 그림이 있는데 훗, 복사판이다. 진짜면 완전 좋겠는데…
샤갈은 러시아 사람이지만 프랑스로 활동을 하러 갔다가 러시아에 전쟁이 일어나서
고향으로 다시는 못 갔다고 한다. 샤갈의 그림에는 말, 닭, 신랑, 신부, 새, 꽃이 많이 등장한다.
말의 눈은 항상 ⊙ 이렇다. 새 같다. 나는 새가 무섭다. 눈동자가 움직이지 않기 때문이다.
샤갈은 그냥 막 그린 거 같아도 엄청 잘 그렸다.
나도 그림을 잘 그리고 싶다. 미술관에서 민유가 쫌 앵앵거렸는데 어떤 여자애가 우리를 째려봐서
나도 똑같이 째려봐주었다.

Furano Biei

3 보랏빛 향기

Furano

후라노

보랏빛 라벤더꽃밭으로 유명한 후라노는 위치상 북해도의 배꼽이라고도 불린다. 영화 '철도원'과 드라마 '북쪽 나라에서', '런치의 여왕'과 여러 CF 촬영지로 유명해졌다.

후라노 관광

서울의 2배 크기.
관광안내소: 후라노역과 같은 건물 내 우측에 위치. 각종 팸플릿과 지도가 비치되어있고 후라노에 대한 자세한 안내를 받을 수 있다.

삿포로에서 후라노 가기

JR열차 아사히카와에서 한 번 갈아탄다.
여름(6~8월)에는 삿포로와 후라노의 직통 열차인 **라벤더 익스프레스**를 운행한다.

교통

버스 후라노역에서 라벤더꽃밭과 킷센으로 가는 노선이 있다.
쿠루루버스 여름 시즌(7~8월)에 운행하는 버스. 4편 정도 운행한다. 2일 티켓이 1000엔(어린이 500엔). 후라노의 주요 관광지인 JR후라노역, 후라노 치즈 공방, 킷센, 하이랜드 후라노, 후라노 프린스 호텔 등을 경유한다.
택시, 렌트카 후라노역 앞 관광안내소와 도요타 렌터리스를 이용하면 편리하다.
www.cbnet.co.jp/furanobus/lavender.html

쿠루루버스 티켓.

홋카이도 레일 패스
북해도 내에서 정해진 기간 내에 횟수 제한없이 마음껏 JR열차를 이용할 수 있는 패스. 장거리 여행을 할 때 유용하다.

Biei

비에이

일본에서 가장 아름다운 마을이라 불리는 비에이는 각종 CF촬영지로도 유명하다.

비에이 관광

서울과 비슷한 크기. 여름에는 푸른 들판과 꽃밭의 풍경이 아름답고 겨울에는 설원 풍경을 찾는 관광객들이 많다. 아이와 관광하기에 가장 편리한 것은 렌터카이고 여름시즌이라면 관광지를 순례하는 JR트윙클버스를 추천한다.

삿포로에서 비에이 가기

JR열차 아사히카와에서 한 번 갈아탄다.
후라노, 비에이 프리티켓(유효기간 4일)
여름시즌과 겨울시즌에는 신치토세 공항 또는 삿포로역에서 프리구간(다키카와역, 아사히카와역, 비에이역, 후라노역, 이쿠토라역)까지 왕복 이용 가능한 티켓을 발매한다(기본 티켓은 5400엔, 프리구간에서 자유석을 무제한 탑승할 경우 7400엔). 어린이(만 6세~만 11세)는 반액.
후라노와 비에이는 특급열차, 노롯코열차를 이용하면 편리하다.

교통

렌트카 JR아사히카와역, JR후라노역에서 대여 가능하다. 후라노와 비에이를 함께 여행하기에 편리하다.
트윙클버스 JR열차 티켓을 소지한 사람들에 한하여 이용할 수 있는 유료버스. 예약제로 운행하며 유명 관광지를 차례로 둘러볼 수 있다. 차 내에 가이드가 있고 한국어 설명서가 비치되어있으므로 일본어를 하지 못해도 무방하다. 3가지 코스로 나뉘고 세븐스타의 나무와 켄과 메리의 나무가 있는 언덕코스가 가장 인기있다. 비에이역 앞에서 탑승. 한 코스 당 1000엔~1500엔 정도.

택시 1시간에 5400엔. 여러 명이 합승하면 편리하다. 체력에 자신이 있다면 비에이의 매력을 느낄 수 있는 자전거를 이용하자.

www.biei-hokkaido.jp/kr
www.cbnet.co.jp/furanobus
www.dohokubus.com

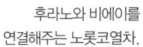
후라노와 비에이를 연결해주는 노롯코열차.

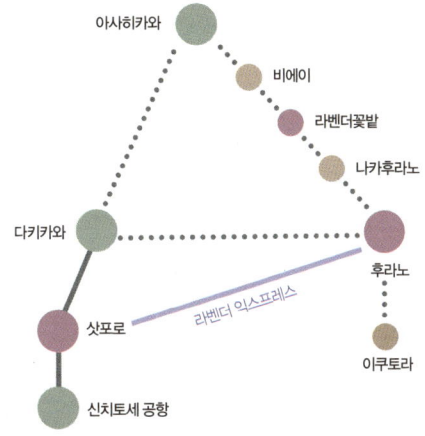

🔸 후라노는 서울의 2배 크기이고 비에이는 서울과 비슷한 크기이다. 아이와 함께라면 최소 1박 2일 여행이 좋다.
🔸 차를 렌트해 관광하는 것이 가장 좋은 방법이지만 여건이 되지 않는다면 노롯코열차와 JR트윙클버스를 이용하는 것도 편리하다.
🔸 지도와 시간표(한국어)는 후라노와 비에이역뿐 아니라 삿포로역에도 비치되어 있다. JR패스와 트윙클버스 티켓은 삿포로역에 위치한 관광안내소에서 예매가 가능하다.

15 라벤더 익스프레스 또 다른 여행

삿포로에는 아침부터 비가 내렸다.

오늘은 열흘간 머물렀던 원룸을 벗어나 북쪽에 위치한 후라노&비에이로 1박 2일 여행 가는 날이다. 민소가 내심 가장 기대했던 곳이 바로 보라색 라벤더꽃이 물결치는 라벤더 농원이다. 북해도에 대해서 전혀 배경지식이 없었던 민소는 아름다운 풍경 사진 몇 장을 보고 이번 여행의 즐거움을 기대했고 삿포로에 도착한 첫날부터 라벤더꽃은 언제 보러 갈 거냐고 곧잘 물었다.

오래간만에 내리는 비로 삿포로 시내는 흠뻑 젖었고 바람 또한 세차게 불었다. 아침부터 서두른 덕분에 지하철을 이용해도 기차 출발 전까지 충분한 시간적 여유가 있었지만 쌀쌀한 날씨에 짐도 있어서 그냥 택시를 타기로 했다. 삿포로역까지는 택시로 6~7분. 내릴 때 보니 890엔이 나왔다. 지하철 어른 가격이(나카지마 공원역에서 삿포로역까지) 200엔이니 어른 3~4명이 이동한다면 택시가 훨씬 나을 것이다.

택시에서 내려 삿포로역 지하의 코인락커를 찾았다. 역 안에는 여러 군데 코인락커가 있었지만 나중에 찾기 쉽도록 다이마루 백화점 옆 코인락커를 이용하기로 했다. 큰 칸의 경우 24시간에 500엔이라고 적혀있었다. 민소는 24시간 후에 문이 열려서 트렁크를 모두 분실하면 어쩌냐고 걱정했다. 그 옆에 72라는 숫자가 쓰여진 것으로 보아 정확한 뜻은 모르겠으나 72시간까지는 보관한다는 뜻 같았다. 민소에게 엄마만 믿으라며 큰소리 치고 찾을 때 헤매지 않도록 코인락커 앞 상점 사진이나 찍어두자고 했다. 나 역시 속으로는 살짝 걱정 됐지만…

'후라노 라벤더 익스프레스호'는 라벤더가 한창인 7~8월에만 운행하는 임시열차이다. 다른 기차와 다르게 천장까지 경사면으로 유리창이 연결되어 있어서 빗방울 떨어지는 것도 현장

감 있고 북해도의 시골 풍경을 감상하기에 적합한 것 같았다. 자리에 앉아서 옷과 짐을 정리하니 이내 기차가 움직이기 시작했다. 간식으로 한국에서 챙겨온 유기농 과자들은 아이들에게 줄기차게 외면을 받았다. 그래도 혹시나 하는 마음에 오늘도 가져왔는데 역시나 버림받고 말았다. 에구(그 중 한봉지는 결국 나중에 노보리베쓰에서 곰들의 입속으로 풍덩).

옆 칸에 혼자 앉은 아저씨는 무슨 잔칫날이라도 되는 양 이것 저것 먹을거리를 엄청 싸온 것 같았다. 기차가 움직이자 기다렸다는 듯이 맥주를 시작으로 홀로 만찬을 벌였다(일본 사람들은 정말 맥주를 좋아하는 모양이다). 그러다 갑자기 체리 한 팩을 내밀더니 웃으며 아이들에게 먹이라는 표정을 지었다.

"아리가또, 땡큐 베리마치."

이제껏 속으로 살짝 비아냥거렸던 마음은 순식간에 연기처럼 사라지고 고마움의 인사가 자동으로 튀어 나왔다. 체리는 양이 꽤 많았음에도 아이들은 배고픈 새끼 고양이들처럼 순식간에 먹어치웠다. 아이들 데리고 다닐 때 먹을거리 간식거리를 충분히 싸가지고 다니는 것은 엄마의 기본인데 난 언제나 기본을 망각하고 만다. 그래서일까? 아이들이 가장 많이 하는 말은 배고파, 이거 먹고 싶어, 저거 먹고 싶어, 간식 없어?

민유는 만 3세로 기차패스가 무료였지만 예약석에 앉는다면 돈을 지불해야했다(자유석은 무료). 여름철에는 사람이 많으니 아무래도 예약을 하는 편이 좋다.

'두 좌석에 세 명이 앉으면 아이들이 불편해할 텐데 어쩌나' 걱정했는데 생각보다 넓어서 편하게 2시간을 달린 후 후라노역에 도착했다. 민유는 언니와 그림을 그리고 인형놀이도 하며 무료함을 달랬다.

16 퍼플향 가득한 후라노 킷센의 다다미방

비 내리는 후라노의 여름은 예상외로 쌀쌀했다. 그런데 준비성 없는 엄마는 우산조차 챙겨오질 않았다. 일단 관광안내소에 들어가서 숙소까지 갈 수 있는 방법을 물어보았다. 인포메이션 직원 아저씨는 이제껏 만난 일본인 중 가장 유창한 영어 솜씨로 여러 방법들을 제시해 주었다. 그 중 택시를 타고 다니는 것이 최선의 방법이라고 알려주었지만 그런 부르주아적 여행은 우리와는 맞지 않으므로 24시간 동안 횟수 제한없이 탈수 있는 '쿠루루버스'를 선택했다. 후라노와 비에이는 일본 내에서도 아름답기로 소문난 관광지다. 덕분에 라벤더가 한창인 7~8월에는 숙박비도 비싸고 예약도 무척이나 어렵다. 5월에 예약을 하려고 사이트를 살피는데도 남은 숙소라곤 호텔이 아닌 게스트하우스. 그것도 침대방이 아닌 다다미방 하나 뿐이었다. 사진으로는 우리네 여관방과 다를 것이 없어 보였다. 게다가 공동 화장실을 사용해야 하고 호텔에선 무료인 민유도 조식 요금을 추가로 내야했다. 울며 겨자 먹기로 예약은 했지만 기대는 전혀 하지 않았다. 호텔이 아니어서인지 간판조차 보이지 않는 그곳을 물어물어 찾아갔다. 문을 열자 마르고 왜소해 보이는 주인아저씨는 우리에게 체크인 시간이 아니라고 퉁명스럽게 말했다. 어쩜 실제로는 퉁명스럽지 않았을지도 모르지만 이른 아침부터 아이들과 긴 여정을 한 타라 여간 야속하게 들리는 것이 아니었다.

쉴 겨를도 없이 짐만 맡기고 우산을 빌려서 게스트하우스를 나섰다. 치즈공방에서 점심을 먹고 더불어 치즈 만들기 체험까지 마친 후 밖으로 나오자 다행히도 비가 멈추었다. 비가 계속 내렸다면 라벤더 농원으로 유명한 팜도미타에 가서도 흥이 나질 않았을 텐데 때마침 날이 개어서 얼마나 고마웠는지 모른다. 덕분에 팜도미타에서 피크닉을 무사히 마치고 저녁으로 따뜻한 카레스프까지 먹은 후 느지막이 숙소로 돌아왔다.

낮에 느꼈던 적막함과는 반대로 게스트하우스는 많은 여행객들로 북적거렸다. 주인아저씨는 아까와는 다르게 반가운 기색으로 짐들은 이미 방에 모두 들여놨다며 열쇠를 주었다. 방은 사진에서 본 것처럼 작았지만 예상보다 깨끗했고 따뜻했다. 도쿄 여행을 여러 번 다녔지만 항상 호텔에만 머물러서 일본의 가정집을 방문할 기회는 한 번도 없었다.

친정엄마는 나른한 오후 하릴없이 거실에 앉아 뜨개질을 하실 때면 종종 당신의 어린시절 이야기를 해주셨다. 그 중에 가장 흥미로운 이야기는 엄마의 외갓집이야기였다.
외갓집은 2층 적산가옥으로 무척 크고 길었다고 했다(그리고 외가 큰할아버지가 독립인사였다는 말씀도 꼭 빼놓지 않고 하셨다). 대문을 열면 마루와 방문이 훤히 보였던 한국식 집과는 다르게 현관문을 한 번 더 열어야 내부로 들어갈 수 있는 그곳은 엄마에게는 앨리스의 이상한 나라와도 같은 곳이었다.
다다미방이며 큰 욕실, 마루 끝에 위치한 화장실 등 당시엔 펌프나 우물이 전부였던 시절, 가정집에서는 드물게 수도시설까지 갖췄다고 했다. 엄마가 가장 좋아하는 장소는 2층으로 올라가는 계단 옆의 수납공간들과 다다미방의 한쪽 벽을 가득 차지한 오시이레(おしいれ, 옷장과 이불장을 겸한 수납공간)였다. 엄마의 이야기를 듣고 있노라면 거기보다 더 숨바꼭질하기 좋은 장소는 세상에 없는 듯 했다. 일본식 집을 한번도 본 적이 없는 나는 머릿속으로만 상상을 했다. 엄마의 꼬마적 모습이 잘 그려지지는 않지만 숨바꼭질은 얼마나 재미있었을지 짐작이 갔다.
우리가 머문 게스트하우스는 엄마의 이야기속에서 상상했던 집은 아니지만 소소하게 우리나라 가정집과 다른 점들이 눈에 띄었다. 예약할 때 가장 마음에 걸렸던 공동 화장실과 욕실은 엄마 말씀처럼 서로 구별되어있고 구조와 형태의 쓰임새가 좋아서 사용 시 별다른 불편함을 느낄 수 없었다. 민유는 폭신한 다다미 위에서 뒹굴거리는 것이 재미있는 모양이었다. 방 한 쪽면의 미닫이문을 열자 엄마가 말씀하신 오시이레가 있었다. 넓지막해서 그 안에 모든 옷과 짐을 넣을 수 있는 것이 가장 만족스러웠다.

취침 준비를 마친 후, 자판기 음료수(사실은 맥주)를 사러 방을 나오는데 아이들이 병아리떼처럼 졸졸졸 쫓아왔다. 모두 자러 들어갔는지 게스트하우스는 전체적으로 조용했다. 그때 주인아저씨의 인기척이 들렸다. 우리를 보더니 작은 목소리로 따라오라고 손짓했다. 식당 테이블로 안내한 그는 주방에서 커다란 멜론 3조각을 가져왔다. 내일 아침식사로 준비한 멜론인데 먼저 맛보라는 것이다. 그렇잖아도 디저트가 먹고 싶다며 날 괴롭히던 아이들은 물만난 고기처럼 좋아서 어쩔 바를 몰라했다. 민유는 그때까지 멜론을 맛본 적이 한 번도 없었다. 새로운 음식에 거부감이 있는지라 언니가 먼저 먹는 모습을 지켜봤다. 민소는 자신있게 한 입 베어물더니 이루말할 수 없이 만족스러운 표정을 지었다. 과즙이 잔뜩 묻은 입모양은 동생 민유에게 백마디 말보다 더 설득력있는 비주얼이었다. 음— 후라노의 멜론이란… 정말 입에서 씹기도 전에 사라져버리고 마는 신선한 달콤함의 결정판이었다. 아저씨는 웃으며 "오이시?"하고 물었고 우리는 합창이라도 하듯 "오이시데쓰!"라고 대답했다. 낮에는 그토록 쌀쌀하게만 보였는데 이토록 맘씨 좋은 주인아저씨였을 줄이야. 다음날 민유의 아침식판에는 다른 이들의 접시에서는 볼 수 없는 꼬마 소시지가 한 개 더 담겨있었다.

1 게스트하우스의 아침. 고소한 후라노산 우유와 달콤한 멜론이 특징. 2 아이들에게 따뜻한 배려를 해주었던 게스트하우스.
3 비 온 다음날의 상쾌함이 느껴졌던 킷센의 아침.

Farm Domita 팜 도미타

민소가 그랬 듯 많은 이들이 팜 도미타 라벤더 농원의 사진을 보고 후라노를, 북해도 여행을 꿈꾸었다고 한다. 팜 도미타의 역사는 1903년 도미타토쿠마가 산을 개간하고 향료용 라벤더를 재배하면서 시작되었다. 이곳에서 100년 동안 변함없이 피어있었을 라벤더꽃을 보니 누군가 환생을 하더라도 산에 올라와 라벤더 향을 맡으면 전생의 기억이 되살아날지도 모르겠다는 상상마저 든다. 커다란 부지에는 라벤더 외에도 해바라기, 양귀비 등이 토카치산 천지에 흐드러지게 피어있다. 농장 입구에는 숍과 카페가 있어 후라노의 명물인 라벤더 아이스크림을 맛보며 농장을 거닐 수 있다.

www.farm-tomita.co.jp
北海道空知郡中富良野15号
15 Nakafurano Kisen Kita, Nakafurano, Sorachi District, Hokkaido
open 08:30-17:30 나카후라노역 도보 24분

북해도 / 후라노 / 팜 도미타

1 2층 휴게실. 2 체험 워크숍. 치즈 만들기. 3 농장 앞 뜰에 놓인 경운기에서 한참을 놀던 민자매.
4 점심은 피자공방에서. 이탈리아에서 공수해온 화덕.

민유가 워크숍에서
만든 치즈.

Furano Cheese Factory 후라노 치즈농장

품질 좋은 후라노산 치즈와 버터를 맛보고 구입할 수 있는 곳. 통유리로 되어있어 제조과정도 지켜볼 수가 있다. 치즈농장에 도착하자 제일 먼저 치즈 만들기 워크숍을 예약했다. 워크숍 시작 시간까지 1시간 정도 여유가 있어서 피자공방에서 모짜렐라치즈가 듬뿍 올라간 화덕피자를 점심으로 먹었다. 치즈농장의 전체적인 규모는 생각보다 크지 않았다. 치즈를 어떻게 만드는지 궁금했는데 인원수에 맞춰 작은 발효기계 같은 것이 있어서 아이들도 어렵지 않게 참여할 수 있었다. 치즈 외에 버터와 아이스크림 체험 워크숍도 있었는데 민자매는 아이스크림 워크숍에 참여 하지 못한 것을 여행 내내 아쉬워했다.

http://www.furano.ne.jp/furano-cheese
北海道富良野市中五区 (Five wards in Furano, Hokkaido)
open 09:00-17:00, 09:00-16:00(11-4월)

쿠루루버스를 기다리며. 정류장에 설치된 안전가드도 아이들에게는 충분히 재미있는 장난감.

17 바람을 맞으며 천천히 노롯코열차

창 너머 보이는 초록 가득한 시골풍경과 적당하게 부는 상쾌한 바람, 그리고 흐릿한 풀 냄새. 언젠가부터 창 전체가 통유리로 바뀌어버린 기차에서는 더 이상 아스라한 바람의 흔적을 찾을 수 없게 되었다. 민소와 민유는 한두 달에 한 번 외갓집을 갈 때면 꼭 기차를 탔다. 버스나 비행기에 비해서 덜 답답하고 움직임도 비교적 자유로워서 아빠가 운전하는 차 다음으로 아이들이 선호하는 교통수단이다. 다른 곳(공공예절)보다 기차 예절에 좀 더 엄격해서인지 떼쟁이 민유도 기차 안에서는 작은 소리로 소곤소곤 말하는 것이 몸에 배었더랬다.

후라노와 비에이는 보통 기차를 이용할 수도 있지만 아이들과 함께라면 그보다는 조금 느리게 달리는 옛날식 '노롯코열차'가 좋겠다 싶었다. 기차를 타자마자 눈에 띄는 건 역시나 시원스레 열려있는 창문, 의자와 탁자가 나무로 되어있는 것도 마음에 들었다. 아이들은 창 너머로 어제 방문했던 팜 도미타가 보이자 큰소리로 환호했다. 열차 내에 위치한 매점으로 둘이 손잡고 과자도 사러 가고 기념도장도 찍었다며 자랑스레 보여줬다. 기차 안은 시끌벅적했다. 사방에는 우리보다 더 열심히 카메라 셔터를 누르는 사람들로 가득했다. 영화나 드라마에서 흔히 보았던 소풍 가는 학생들로 가득한 기차처럼 모두가 들떠있는 듯 했다.

덕분에 처음으로 '기차 안에서는 작은 소리로 말해라'는 주의를 주지 않았다.

고소하고 진한 맛의 후라노 우유.

18 눈이 맑아지는 비에이라는 곳

이전에도 일본 여행을 몇 차례 갔었다. 그 중에도 도쿄를 좋아해 여러 번 방문했지만 한번도 일본이 이국적이라는 느낌을 받았던 적은 없었다. 오히려 우리나라와 비슷한 도심풍경이, 낯설지 않은 익숙함이 일본 여행의 매력이라 생각했다.

사실 일본의 시골 풍경에 관심을 가져본 적도 없었다.

그런데 비에이를 여행하면서 이제껏 보지 못한 우리나라와도 유럽과도 다른 이국적인 풍경에 마음이 설레었다. 탁 트인 풍경도 시원스레 좋았지만 무엇보다 끝이 보이지 않을 정도로 잘 가꾸어진 경작지와 꽃밭을 보면서 나도 모르게 감탄사가 새어 나왔다. 드넓은 초원에 사는 유목민들은 시력이 좋다던데 이곳에 살면 누구라도 천리안이 되지 않을까? 민소야, 비에이에 살면 라식수술이 필요없겠어.

패치워크 로드를 지나는데 홀로 우뚝 서있는 포플러 나무 한 그루가 보였다. 자동차 광고1972년 닛산에 등장하여 유명해졌고 남여 주인공의 이름인 '켄과 메리의 나무'라고 불린다고 한다. 잠깐이었지만 사이프러스 나무가 인상적인 고흐의 '별이 빛나는 밤'이 생각났다. 고흐가 만약 비에이에 태어났더라면 '까마귀가 있는 밀밭' 대신 까마귀가 있는 아스파라거스밭, 옥수수밭, 감자밭을 신나게 그리지 않았을까?

북해도 / 비에이 / essay18

호쿠세이 언덕에서 아빠에게 보여준다며 열심히 사진 찍는 민소.

끝없이 펼쳐진 꽃들의 향연에 감탄한 시키사이(사계절) 언덕.

1 시키사이 언덕의 마스코트인 롤군. 기념촬영 장소로도 사랑받고 있다. 2 트윙클버스에서. 열심히 안내와 설명을 해주신 직원분. 3 일본에서 아름다운 역으로 유명한 비에이역. 4 비에이역 근처의 포장마차. 쌀쌀한 날씨에 야키도리가 구워질 때까지 불을 쬐는 아이들.

마일드 세븐 언덕 앞에서. 1977년 마일드 세븐 광고에 등장하여 유명해진 곳.

拓真館 타쿠신관

평범한 시골마을이었던 비에이의 아름다운 풍경을 세계적으로 유명하게 만든 사진작가 '마에다 신조'의 사진 갤러리. 그가 찍은 비에이의 아름다운 풍광을 감상할 수 있다. 옆길을 따라가면 나오는 자작나무 숲도 인상적이다.

北海道上川郡美瑛町拓進
Thaksin Kamikawa-gun, Biei, Hokkaido
open 10:00-16:00 / 09:00-17:00(6-10월)

19 남이 차려준 밥이 제일 맛있어 Hotel Hotel

짧은 후라노, 비에이 여행을 마치고 삿포로역에 돌아오자 갑자기 피로감이 몰려왔다. 아이들도 매일 동네 언저리에서만 놀다가 기차 타고 멀리 다녀온 것이 힘들었는지 지친 기색이 역력했다. 락커에 넣어둔 짐을 찾고 제일 처음 눈에 띄는 음식점에 들어가 스파게티를 주문했다. 기대를 전혀 하지 않아서였는지 스파게티는 탱글탱글 새콤달콤 맛있었다. 먹방의 여신인 민소는 물론 식당밥에 후하지 않던 민유 또한 콧등에 소스를 묻혀가며 접시까지 먹을 기세였다. 지도 보며 열심히 힘들게 찾아간 유명 라멘집보다 특색 없는 이곳이 훨씬 낫구나.

간만에 의욕에 넘치는 식사를 마친 우리는 새로운 보금자리인 '몬트레이 삿포로' 호텔로 발걸음을 재촉했다. 민소랑 호텔을 검색하던 중, 영국풍의 인테리어가 마음에 들어 예약한 곳이다(나중에 알고보니 영국이 아닌 프랑스 회사의 체인호텔이었다). 일단 트윈룸이 생각보다 넓어서 기분이 좋았다. 민소와 나는 룸에 비치된 셔츠풍의 잠옷으로 갈아입었다. 대부분 일본의 호텔은 유타카가 비치되어 있는데 여기는 유럽처럼 셔츠풍이라 마음에 들었다. 유타카는 목욕가운처럼 허리끈만 묶기 때문에 잠옷의 기능은 잘 하지 못한다.
"엄마, 피터팬이 생각나. 마이클이 이런 잠옷 입잖아."
"그래, 이 덧창도 웬디방에 있는 창문 같다."
"피터가 엄마에게 다시 돌아왔을 때 창문이 닫혀있어서 정말 슬펐어."
"엄마는 마지막에 어른이 되어버린 웬디를 보고 피터가 울음을 터트렸을 때 눈물이 나더라."
호텔에서의 첫날, 우리는 이렇게 때 아닌 『피터팬』이야기를 신나게 하며 잠자리에 들었다. 호텔은 아이들도 좋아하지만 사실 내가 더 좋아한다. 아이들과의 여행에서 가장 신경쓰이는 것은 음식이므로 되도록 취사가능한 곳으로 예약을 하는 편이다. 이번에는 애들에게 제대로 음식을 해먹이려고 요리책까지 챙겼다. 하지만 여행하면서 하루에 아침, 저녁 두 끼를 해먹인다는 것이 얼마나 힘에 부치는 일인지 이번에 깨달았다. 분명 2년 전 런던여행에서는 아침 일찍 일어나서 따뜻한 냄비밥에 국까지 끓여 먹였던 나였는데… 나이가 들어서인지 아니면 꼬마 민유를 건사하느라 기력이 쇠해서인지는 모르겠다. 하여튼 호텔의 조식은 우리 모녀녀(민소식 표현)를 만족시키기에 충분했다. 아침에 일어나면 눈꼽도 떼지 않고 2층 조식 홀로 직행했다. 우리나라보다 배는 더 비싼 북해도산 멜론이며 아스파라거스를 눈치보지 않고 얼마든 먹을 수 있다. 민소와 민유는 두부보다 더 부드러운 푸딩을 제일 좋아했다.

그래, 밥은 역시 남이 차려준 밥이 제일 맛있구나.

저녁식사 무렵.
낮에 쇼핑을 많이 한 관계로 짐을 호텔에 놓고 다시 나가기로 했다.
그런데 물건들을 정리하는 사이 민유가 피곤했는지 잠이 들어버렸고
설상가상 밖은 비가 내렸다.
하는 수 없이 아이들을 호텔방에 둔 채 혼자 우산을 쓰고 호텔 옆
편의점에서 컵라면과 김초밥을 사왔다.
아이들에게 초라한 저녁을 먹이는 것에 대한 미안한 마음이 한가득.
그러나 그런 내 마음과는 반대로 아이들은 간만에 먹는 컵라면이
좋아서 어쩔 줄을 몰라했다는…

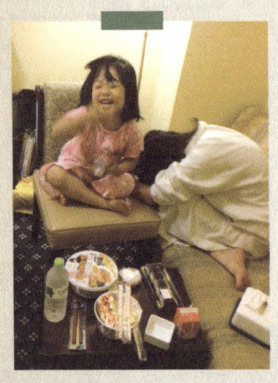

Minso's diary

7월 22일
아침에 민유의 고함에 깨어났다.
10시에 잤는데 8시 30분쯤에 일어났다.
오늘은 니조 시장을 제일 먼저 갔다. 니조 시장은 생각보다
작았다. 이것 저것 구경하다가 체리를 사서 먹었는데 맛있었다.
그리고 오도리 공원에서 놀았다. 거기엔 비둘기와 까마귀가
엄청 많았다. 까마귀가 다른 사람의 샌드위치를 납치해가는
리얼한 상황을 목격했는데 진짜 무서웠다.
우리는 까마귀를 피해 벤치에 앉아 옥수수를 먹었다.
구운 옥수수에는 달콤한 소스가 묻혀져 있었다.
엄청 뜨거워서 물티슈를 대고 먹었는데 엄청 맛있었다.

〈잠시 후〉
파르코에서 엄마 귀걸이와 내 바지를 샀다.
엄마가 어떤 매장에서 옷을 한번 입어보았는데 이불을 둘러쓰고 나온 것 같았다.
크크크… 그래서 엄마는 귀걸이를 샀다.
결국 Cholon에 가서 엄마는 원피스를 샀다.
꼭 필리정크무민에 등장하는 캐릭터가 입는 옷 같았다.
그리고 집으로(숙소로)…
지금은 숙소다. 별로 한 것도 없는데 왜 이렇게 피곤한지 모르겠다
민유가 바로 옆에서 자고 있다.
ZZZZ

꼬마버전
민유가 원하는
자신의 모습.

민유(이뻐짐)
이런 포즈를 취하면
더 이상하다는 것을
모르는 듯.

민유가 울 때. 얼굴의 모든
근육들이 코로 모인다.

Noboribetsu

노보리베쓰

북해도에서 가장 큰 온천마을이면서 일본의 3대 온천 중 하나이다. 마름모꼴의 형태로 노보리베쓰 온천과 가루루스 온천이 유명하며 활화산인 히요리 산, 아름다운 풍광의 굿타라 호, 오유누마 강의 천연 족탕, 1200여 마리의 곰을 사육하는 곰목장 등이 있다.

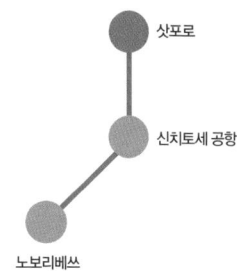

노보리베쓰 관광
규모가 크지 않아 도보여행이 가능하다.

삿포로에서 노보리베쓰
JR열차 삿포로역에서 노보리베쓰역 1시간 10분 -〉 **노보리베쓰역에서 온천터미널** 도난버스로 20분.

공항이나 삿포로역에서 노보리베쓰 마을로 오는 송영서비스를 제공하는 호텔이 많다.

www.noboribetsu-spa.jp

20 노보리베쓰 민유야, 너 지옥 갈래?

7시 20분쯤에 눈을 떴다. 분명 7시에 알람을 맞췄는데 어찌된 일이지? 봤더니 오전이 아닌 오후 7시에 지정을 해놨다. "늦었어, 늦었어"를 외치며 급히 아이들을 깨우고 삿포로역으로 향했다.

노보리베쓰는 삿포로에서 기차로 1시간 10분 거리. 역에 내려서 온천마을로 향하는 버스를 탔다. 삿포로에서는 지하철이나 택시를 타고 이동하였기에 시내버스를 탈 기회가 없었다. 일본은 뒷문으로 타서 티켓을 뽑고(티켓에 승차한 역이 적혀있다) 기사에게 돈을 지불한 후 앞문으로 내린다.

목적지에 도착하자 나는 기사 아저씨에게 "원 어덜트Adult, 원 코모도"를 외쳤다. 민소가 또래보다 키가 커서 혹시 어른으로 계산할까봐 코모도에 힘을 주어 말했다(민유는 만 3세이므로 무료. 이번 여행에서는 "She is three years"를 입에 달고 다녔다).

기사 아저씨가 내 말을 잘 못 알아들어서 나는 여러 번 같은 말을 반복해야했다.

그런데 민소가 옆에서 "엄마, 코도모야, 코도모"라고 말했다.

그제서야 내가 일본어로 어린이인 코도모こども를 코모도로 바꿔 말한 것을 알았다.

하하하 -_-;

마침 뒤에 한국 여성들이 있어서 무척이나 무안했지만 웃음으로 마무리하며 아이들과 급히 버스에서 내렸다.

"코모도라니 크크크…엄마, 왜 영어랑 일어를 말도 안되게 섞어서 말해?"

민소는 내려서도 웃음을 멈추지 않았다.

"엄마 3개 국어를 하잖아. 아는 건 다 말하려고. 엄마 덕분에 재미있었지?"

온천마을에 들어서자 아침으로 미숫가루 한 잔씩만 마신 아이들에게 빨리 밥을 먹여야겠다는 생각이 들었다. 우선 이곳에서 가장 오래되고 크다는 '다이이치 타키모토칸'을 찾았다. 그곳에서는 온천과 식사가 묶인 할인티켓을 판매하는데 슬프게도 식당은 점심 때부터 문을 연다고 했다.

일본 특유의 작고 느린 목소리로 말하는 친절한 리셉션 직원은 온천을 먼저하고 식사를 하는 것이 어떻겠냐고 권했다. 하는 수 없이 일단 온천장으로 입장.

온천장은 엄청 큰 목욕탕 같았고 여러 개의 탕들로 구성되어 있었다. 가로로 제일 넓은 벽면은 통유리로 되어있는데 온천욕을 하면서 숲이며 저 멀리 지옥계곡까지 감상할 수 있게 만들었다. 여름보다는 눈 내리는 겨울에 오면 운치가 더욱 좋을 곳이다. 이른 시간이었는지 손님은 우리밖에 없었고 여기저기서 직원들이 탕을 청소하느라 여념이 없었다. 특히 가장 열심히 청소하는 곳이 바로 통유리와 그 옆에 있는 큰 탕이였다. 노천탕에서 꽃잎과 나뭇잎을 띄우며 한참을 놀고 돌아온 후에도 통유리 청소만은 끝나질 않았다. 날마다 이렇게 열심히 청소를 하는 것일까? 어찌나 꼼꼼히 하는지 마치 '청소의 신'을 보고 있는 듯 했다. 그것은 노보리베쓰에서 내가 받은 가장 인상깊은 장면으로 남아있다.

다이이치 타키모토칸
www.takimotokan.co.jp
登別市登別温泉町55
55 Noboribetsu Onsen-cho, Noboribetsu-shi

온천마을에 도착한 후 돌아갈 버스 시간을 미리 체크하면 유용하다.

궁극의 목적인 온천욕을 마치고 뽀사시한 얼굴로 아이스크림을 하나씩 문 채 지옥계곡으로 향했다.

5분정도 올라가자 지옥계곡의 모습이 조금씩 눈에 보이기 시작했다.

"민유야, 너 지옥 갈래. 지옥에 데려다줄까?"

"응, 언니 나 갈래. 지옥 갈래! 언니, 우리 뛰어가자!"

에헴. 지옥의 뜻을 전혀 모르는 민유이기에~

지옥계곡에 위치한 화장실.
남녀 표시를 도깨비로 나타낸
것이 유머러스하다.

북해도 / 노보리베쓰 / 지옥계곡

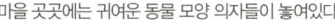

마을 곳곳에는 귀여운 동물 모양 의자들이 놓여있다.

지옥계곡

히요리 산의 활화산 분화구로 근처에 가면 유황 냄새가 진동을 한다. 증기가 나오고 거품이 끓어 오르는 모습이 마치 상상속 지옥의 모습 같다고 해서 '지옥계곡'으로 불린다고 한다. 다이이치 타키모토칸에서는 도보 5~6분 정도.

北海道登別市登別温泉町
Noboribetsu Onsen-cho, Noboribetsu-shi

곰목장의 산 정상에 위치한 굿 타라 호수. '호소다 마모루' 감독의 〈늑대아이〉 속 아메와 유키가 나타날 것만 같은 비현실적인 풍경이다. 일본 내에서 가장 맑은 수질을 자랑한다. 1월에는 호수 전체가 결빙을 하고 그 모습을 보기 위해 많은 관광객들이 이곳을 찾는다.

북해도 / 노보리베쓰 / 쿠마야마 곰목장

쿠마야마 곰목장

쿠마는 일본어로 곰을, 야마는 산을 뜻한다. 목장은 550m로 온천가에서 산 정상까지 로프웨이로 연결되어 있다. 목장은 으레 가까운 언덕에 위치할 거라는 예상을 뒤엎고 꽤 높은 산에 있었다. 아이들이 무섭다고 호들갑을 떨어서 의연한 척 했으나 나 역시 속으로 후덜덜… 옛날에 곰이나 사슴 등의 야생동물들은 온천수로 상처를 치료했었다고 하는데 어느 날 이곳을 찾아온 인간을 노보리베쓰 온천으로 인도했던 이야기가 전해진다. 곰목장에는 여러 곰들이 있어 먹이를 던져주면 신나게 받아먹는다. 아이들은 먹이 주는 것이 꽤나 재미있었나보다. 다녀온 후 며칠이 지나서도 다시 가고 싶다고 졸라댔다. 곰에 관한 다양한 자료를 전시하고 있으며 홈페이지에 들어가면 먹이 만들기 체험, 곰과 산책 등을 예약할 수 있다.

www.bearpark.jp
北海道登別市登別温泉町224番地(224 Noboribetsu Onsen-cho, Noboribetsu-shi)
open 08:00-17:00(7-9월) / 08:30-16:30(4-10월) / 08:30-16:00(2-3월)

Otaru

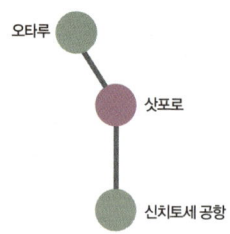

오타루

삿포로 서쪽에 위치한 항구도시. 1880년 북해도에서는 처음으로 오타루에 철도가 개설되었다. 한때는 금융과 비지니스, 무역항으로 명성을 떨쳐 북쪽의 월가라 불렸다. 1950년대 이후 석탄산업의 쇠퇴와 더불어 경제의 중심지는 오타루에서 삿포로로 이동했다.
영화 〈러브레터〉와 만화 『미스터 초밥왕』의 배경으로 등장하여 더욱 유명해졌다.

오타루 관광

오타루 운하와 창고를 개조한 레스토랑, 유리 박물관, 오르골 박물관 등이 인기이다. 오타루역과 미나미 오타루역을 중심으로 숍과 관광지가 모여있다. 반나절 관광이라면 미나미 오타루역에서 관광을 시작해서 오르골 박물관, 운하를 거쳐 오타루역에서 여행을 마치는 것을 권한다. 아이와 함께 도보가 힘들면 오타루 산책 버스나 택시를 이용하는 것도 좋은 방법.
관광안내소: 오타루역 왼편에 있다. 한국어 지도와 팸플릿, 할인권이 비치되어있다.

교통

산책 버스 시내 중심지를 순환하는 버스.
3가지 코스로 운행한다.

삿포로에서 오타루 가기

JR열차 쾌속으로 30분 소요.
신치토세 공항에서 오타루 1시간 10분 소요.

www.otaru.gr.jp

21 가까워서 좋은 오타루 음악이 흐르는

삿포로역에서 지하철표를 잘못 구매한 적이 있었다. 역무원에게 물어보니 이건 로컬티켓 근거리이라고 했다. 표를 교환하고 지나가는데 언뜻 쳐다본 전광판에서 'local-otaru'라는 글귀를 읽었다. 시내 지하철표와 똑같이 생긴 걸 보니 오타루가 삿포로에서 얼만큼 가까운 거리인지 미루어 짐작해볼 수 있었다.

우리가 오타루에 도착한 날 불행히도 날이 흐렸다. 노트에는 가고 싶은 카페, 상점, 바닷가까지 적혀있었지만 떨어지는 빗방울을 보니 일단 아이들 위주로 두세 곳만 가야겠다는 생각이 들었다.

첫 번째는 관광객이라면 누구나 들르는 오르골 박물관.

박물관의 문을 여는 순간 민자매의 눈에서는 광채가 나오며 각양각색의 오르골들을 살피느라 정신이 없었다. 특히 꼬마 민유는 보는 것마다 갖고 싶다고 아우성. 너무 많아서 어떤 것을 고를지 모르는 아이들을 데리고 박물관 근처에 위치한 수제공방으로 향했다.

"여기는 마음에 드는 것을 골라서 직접 오르골을 만들 수 있는 곳이야."

아이들은 물 만난 고기처럼 신이 나서 마음에 드는 음악이 담긴 오르골, 받침대, 유리로 만들어진 귀여운 장식품들을 골랐다. 민유는 취향대로 토토로 음악에 꽃이랑 귀여운 동물들을 이 것저것 골랐고 민소는 심플한 런던풍 시계탑과 가로등 하나를 골랐다(나중에 민유는 소품이 너무 많아서 언니에게 나눠 주었다).

카운터에서 고른 물건들을 계산한 후 테이블에서 짧은 제작과정을 들었다. 만드는 법은 일어나 영어를 전혀 몰라도 상관없을 정도로 간단해서 민소는 물론 민유도 내 도움없이 혼자서 척척 만들었다. 문제는 아이들에게 선택의 자유를 많이 주어서 예산보다 훨씬 비싼 오르골이 탄생되었다는 것이다 두 개에 십만 원 정도. 그제서야 다른 테이블이 눈에 들어왔다. 받침대를 따로 구입하지 않고 오르골을 받침대로 사용해서 간단한 장식 한두 개만 올린 심플하고 경제적인 오르골을 만드는 이들이 보였다. 지갑에서 돈을 꺼내는 내 마음은 쓰라렸지만 자기가 만든 오르골에 환호하는 아이들을 보며 마음을 다독였다.
얘들아, 이제 며칠간은 풀만 먹자꾸나.

Youkobo 오르골 수제 공방
메르헨 교차로에서 서쪽(바다 반대편) 방향.
www.otaru-orgel.co.jp
小樽市入船1丁目1-5
1 chome 1-5, Irihune, otaru
open 09:00-18:00

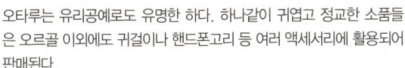
오타루는 유리공예로도 유명하 하다. 하나같이 귀엽고 정교한 소품들은 오르골 이외에도 귀걸이나 핸드폰고리 등 여러 액세서리에 활용되어 판매된다.

후라노에서 라벤더 아이스크림을 제대로 못 먹었다며 불만을 토로했던 민소를 위해 특별히 사준 스페셜 아이스크림. 아래부터 우유맛+라벤더맛+멜론맛+딸기맛이 차례로 올려져있다. 모두 맛있었지만 아무것도 첨가되지 않은 우유맛이 진하고 고소해서 제일 좋았다.

북해도 / 오타루 / 오타루 운하

오타루 운하
한 때 이곳은 삿포로보다 훨씬 큰 무역항이었으며 여러 척의 배가 드나들던 운하였다. 현재는 긴 산책로가 되어 관광객들의 사랑을 받고 있다. 창고로 쓰였던 건물들은 레스토랑, 공예숍으로 사용되고 있다.

press cafe 프레스 카페

오타루 운하를 따라 북쪽으로 한참을 걷다보면 이쯤에서 '운하가 끝나지 않을까?' 하는 생각이 든다. 그럴 때 왼쪽으로 고개를 돌리면 듬직한 벽돌 건물의 프레스 카페가 보일 것이다. 오래된 창고를 개조한 이곳은 아늑한 조명과 높은 천장, 큰 창이 편안한 분위기를 연출한다. 오리지널 레시피로 만든 커리와 스파게티, 다양한 디저트를 맛볼 수 있다.

www.presscafe.biz
小樽市色内、3丁目 3-21
3 chome 3-21 Ironai otaru
open 11:30-22:00

Vivre Sa Vie+mi-yyu
비브레 사 뷔 플러스 미유

아주 오래된 건물. 이 사랑스러운 잡화점은 100년 전에도 차, 종이, 문구를 파는 카와마타 상점이었다. 외관을 보니 타임슬립 영화의 배경지로 딱이라는 생각이 들었다. 입구쪽은 가구와 의류, 안쪽으로 들어서면 귀여운 소품과 스텐셔너리가 가득하다. 기념이 될만한 간단한 소품을 구입하기에 좋은 곳이다. 이곳은 오타루시 지정 역사적 건축물 15호로 지정되어 있다.

小樽市色内2丁目4-7
2 chome, 4-7 Ironai otaru
open 11:00-18:00. closed 월요일, 셋째주 화요일

북해도 / 오타루 / 프레스 카페, 비브레 사 뷔 플러스 미유, 버드 케이지 카페

Bird cage 버드 케이지 카페

관광객들로 가득한 중심가를 벗어난 어느 초등학교 근처의 작은 카페. 오너인 '타카노리 사토'씨는 90년된 낡은 가게를 5년간 직접 리노베이션해서 지금의 인테리어숍과 카페로 재탄생시켰다.

창밖으로 지나가는 아이들을 바라보며 도란도란 이야기하기 좋은 곳으로 갓 구운 빵과 제철 재료로 만든 음식이 인기다. 1층에서는 오래되었지만 단정하고 멋스러운 소품들도 판매한다. 오타루역과 멀지는 않은데 걸어가기는 힘들다. 버스나 택시를 이용하는 것을 추천(택시는 기본요금).

http://www.uguis.sakura.ne.jp
1-20-11 Midori, Otaru
Open 11:00-17:00 (토요일, 일요일 11:00-18:00)
Closed 금요일(Winter season 화요일, 수요일)

22 Re:OP OKAGAWA PHARMACY

80년된 오래된 약국을 리모델링하였다는 게스트하우스.
'오카가와 파마시'가 위치한 미나미 오타루역은 오타루역에 비하면 꽤 한적한 곳이었다. 역을 나와 지도를 보며 오른쪽으로 쭉, 또 오른쪽으로 쭉 걷다보니 어느덧 인터넷 상에서 보았던 건물이 눈앞에 나타났다. 문을 열고 들어가니 바로 카페였다. 체크인도 카페에서 하는 모양이었다. 내가 서툰 영어로 이것 저것 묻자 남자 직원은 나보다 더 영어가 힘든지 주방에서 음식을 만들던 여자 직원에게 구원을 요청했다. 어느덧 카페에서 일하는 직원 4명 모두와 이야기를 하게 되었다. 체크인을 하자 직원은 카운터 옆의 작고 하얀 문을 가리켰다. 혹시 엘리베이터? 순간 유럽에서 보았던 것처럼 작고 오래된 엘리베이터일지도 모른다고 생각했다. 하지만 예상은 제대로 빗나갔고 작은 문을 열자 게스트하우스로 향하는 좁은 이층계단이 보였다. 내가 계단을 보고 난감한 표정을 짓자 직원은 걱정말라는 표정으로 트렁크를 방으로 옮겨주었다. 이곳은 기대했던 것보다 모든 것이 작았다. 가끔 콘서트가 열린다는 복층구조의 카페도 작았고 계단은 한 사람씩 올라가야 할 정도로 좁았다. 단 한 가지 반전이 있다면 방 한쪽 면을 가득 차지한 오시이레(おしいれ, 옷장과 이불장을 겸한 수납공간)만이 넉넉한 사이즈를 자랑했다. 조금 과장하자면 싱글침대도 들어갈 수 있는 크기였다. 첫인상의 실망과는 다르게 편안한 침구와 조명덕에 잠자리는 무척 편안했다. 높은 천장과 나무틀, 창문 형태의 독특함으로 봐서 예전에는 위에 다락방이 있었을 것 같다. 아마 그곳은 아이들의 아지트였겠지? 주택가임에도 불구하고 카페에는 손님이 끊이지 않았고 한결같이 친절한 직원들의 모습이 인상적이었다.

www.re-okagawapharmacy.info
北海道小樽市若松1-7-7 / wakamatsu 1-7-7, otaru
예약은 이메일을 통해서 가능하다(mail@re-okagawapharmacy.info).

오타루의 전통 있는 약국이었던 석조건물은 2010년 건축가 Keisuke와 Fukushima 에 의해 게스트하우스와 카페로 리모델링 되었다. 약국의 1층은 전면에 큰 창을 달고 Saarinen(디자이너) 스타일의 가구를 두어 전체적으로 밝고 모던한 카페가 되었다. 음식은 오타루 소울 푸드와 이탈리아식이 주를 이루는데 계절에 따라 조금씩 변동이 있다. 숙박객은 1층 화이트카페에서 간단한 조식을 즐길 수 있다.
반면 게스트하우스는 전통적이며 따뜻한 분위기로 꾸며져 있다. 1층에는 투숙객이 쉴 수 있는 공용거실과 Antonio Raymond가 디자인한 피아노가 있는데 이곳에서는 종종 콘서트가 열린다고 한다. 2층에는 4개의 룸이 있다. 도미토리는 다다미방 형식이고 트윈룸은 침대가 놓여있다. 객실의 조명은 이사무 노구치의 '아카리'로 분위기를 더욱 아늑하게 만드는 데 일조하고 있다.

Otaru Music Box Museum 오타루 오르골당 본관

1912년에 지은 정미소를 개조하였다. 25000점 이상의 오르골을 전시 판매한다. 1층은 화려하고 다양한 디자인의 오르골들이, 2층은 일본과 스위스에서 만든 고급 오르골을 전시 판매한다.

www.otaru-orgel.co.jp
小樽市住吉町4-1(4-1, sumiyoshi-cho, Otaru)
open 09:00-18:00

Kitaichi Glass Hall 기타이치 가라스 홀

167개의 석유 램프가 불을 밝히는 로맨틱한 카페. 흔들리는 불빛 속에서 은은하게 풍기는 석유냄새가 아련하고 따뜻한 감성에 빠지게 한다.
기타이치 가라스는 전기가 보급되지 않았던 시절에 석유램프를 제조했던 회사였다. 가만히 불빛을 바라보니 찬란한 한 때를 보내고 지금은 조용히 관광객을 맞이하는 석유램프가 오타루의 운명과 비슷하다는 생각이 들었다. 이제는 돌아와 거울 앞에 선 내 누님 같은…
멋진 분위기에 비해 음식맛은 보통이다. 피아노 연주를 들으며 차와 디저트를 즐기는 것을 추천. 매일 아침 개점 시간에 맞춰 가면 167개의 램프 전등 작업을 볼 수 있다.

www.kitaichiglass.co.jp/shop/kitaichihall.html
小樽市堺町7-26 北一硝子三号館
Kitaichihall three glass Building, 7-26 Sakaimachi Otaru
open 8:45-18:00
월, 수, 금 2시에는 피아노 연주를 감상할 수 있다.

5

Sapporo
함께 즐기기

23 서점에서 사라진 아이들 자매의 시간

놀이터만큼이나 민유가 좋아하는 서점에 오면 나는 잠깐의 자유를 누릴 수 있다. 보모인 언니 민소에게 꼬맹이를 맡기고 관심분야의 책을 편히 구경할 수 있기 때문이다. 이날도 2층 어린이 코너에서 신나게 책을 보고 있는 아이들을 뒤로 하고 1층으로 내려와 몇 권의 책을 구입했다. 그리고 어린이 코너로 다시 돌아왔는데 아이들이 보이지 않았다. 처음에는 나를 찾으러 1층으로 내려갔나 싶어서 오던 길을 다시 밟았는데 1층에도 아이들이 없었다. 서점이 너무 넓어 실내가 한눈에 들어오지 않자 불안한 마음에 심장이 두근 반 세근 반.
다시 2층으로 올라가서 이번에는 어린이 코너 책장 사이사이를 샅샅이 뒤져보았다. 어디에서도 민유의 목소리가 들리지 않았다. 마침 아이 엄마로 보이는 일본여성이 있길래 여기 있던 여자 아이들 못 봤냐고 물으니 전혀 모른다는 표정을 지었다.
어디 갔을까? 어디 갔을까? 민소가 좋아하는 만화책 코너에 갔을까? 설마 서점 밖으로 나간 건 아니겠지? 누굴 따라가진 않았겠지? 다시 1층으로 내려가기 위해 에스컬레이터를 타려는데 마침 왼쪽에 화장실 표시가 눈에 띄었다. 정신없이 들어가서 민소의 이름을 외쳤다.
"민소야, 민소야."
"응, 엄마!"
"민소야, 민유랑 있어?"
"응, 민유 똥쌌어!"

아―
민소야, 네가 고생이 많다.

북해도 / 삿포로 / essay23

Kinokuiya Books 기노쿠이야 서점

북해도에서 가장 큰 규모를 자랑하는 서점. 넓은 2층으로 되어있고 서점 내 스타벅스가 입점해 있다. 아이들 책은 2층에 있고 수시로 관련 전시와 만들기 수업이 열린다.

www.kinokuniya.co.jp/c/store/Sapporo-Main-Stor
札幌市中央区北5条西5-7-札幌55
Nouth5 West5-7, Chuoku, Sapporo 55
open 10:00-21:00

함께 즐길 수 있는 공간

MUJI 무인양품

삿포로역과 연결되는 스텔라 플레이스 6층에는 삿포로에서 가장 큰 규모의 무인양품을 만날 수 있다. '이것으로 충분하다'는 아트디렉터 하라켄야의 디자인 철학에서도 알 수 있 듯 군더더기 없는 좋은 품질의 라이프 스타일 상품들이 많다. 매장 한 가운데에는 커다란 나무 탁자가 있고 그 위에 많은 양의 스탬프들이 줄지어 있다. 아이들은 그곳에 앉아 한참 을 도장 찍기 놀이에 심취했고 덕분에 나는 여유 있는 쇼핑을 할 수 있었다. 이곳에서 삿 포로 여행에 필요한 간단한 식기류와 여행용품을 구입했다.

www.muji.com / www.stellarplace.net
札幌市中央区北5条西2丁目
stellarplace JR tower 6F, North5 West2 Chome, Chuoku, Sapporo
open 10:00-21:00

TOKYU HANDS 도큐한즈

일본을 대표하는 잡화 전문 백화점인 도큐한즈. 인테리어 소품부터 문구, 다양하고 전문적인 DIY재료를 판매한다. 도쿄에 비하면 삿포로점은 규모가 작은 편이지만 대신 아이들을 위한 간단한 워크숍이 자주 열린다.
우리가 갔을 때는 만화경 만들기를 하는 날이었다. 예약을 한 후 쇼핑을 하다가 시간에 맞춰 장소로 갔다. 민유가 워크숍에 참여하는 동안 민소는 친구들에게 줄 선물을 모두 쇼핑했다.

www.sapporo.tokyu-hands.co.jp
South1 West6 Chome-4-1, Chuo Ward, Sapporo
札幌市中央区南1条西6丁目4-1ニッセイ札幌南一条ビル

Big camera 빅 카메라

삿포로역과 연결되어있는 빅 카메라 5층 빅토이 매장에는 아이들을 위한 장난감과 인형들이 가득하다. 토이저러스나 도쿄의 키디랜드에 비하면 작은 규모지만 평소에 좋아했던 일본 캐릭터 장난감을 고르기에는 충분하다. 민유가 사랑하는 리카인형도 이곳에서 구입. 10500엔 이상 구입하면 면세혜택을 받을 수 있다.

www.biccamera.co.jp
札幌市中央区北5条西2丁目-1
Esta JR tower 5F, North5 West2 Chome1, Chuoku, Sapporo
open 10:00-21:00

Actus kids 아쿠타스 키즈

삿포로에는 일본 인기 브랜드의 지점들이 많이 있는데 아쿠타스 키즈도 그 중 하나이다. 아담한 규모의 삿포로점은 어린이 가구와 장난감 이외에도 북유럽 소품들이 많아서 구경하는 재미가 쏠쏠하다. 아이들을 위한 플레이 공간은 작지만 쾌적하게 꾸며져 있어서 민유는 참새가 방앗간 들리듯 자주 왔다. 마지막 날은 직원들에게 괜히 미안한 마음에 친구 아들의 선물을 구입했는데 어찌나 정성스럽게 포장을 하는지 사는 내가 더 감동했다. 고디바와 같은 건물 1층에 위치한다. 여기서 실컷 놀고 난 후 고디바에서 달콤한 초콜릿 한잔을 마시는 것이 아이들에겐 최상의 스케줄.

www.actus-interior.com / www.inzone.jp
北海道札幌市中央区北三条西4-1-1 日本生命札幌ビル 1F
North3, West4 Chome, Chuoku, Sapporo
OPEN 11:00-20:00(부정기)

ILLUMS 일룸스

아쿠타스가 위치한 건물 2층에는 덴마크에 본사를 둔 일룸스가 입점해 있다. 북유럽 가구와 그릇, 아이들 용품들을 판매중이다.

www.illums.co.jp/index.shtml
open 10:00-20:00(부정기)

북해도 / 삿포로 / 함께 즐길 수 있는 공간 / 아쿠타스 키즈, 일룸스, 비씨에스

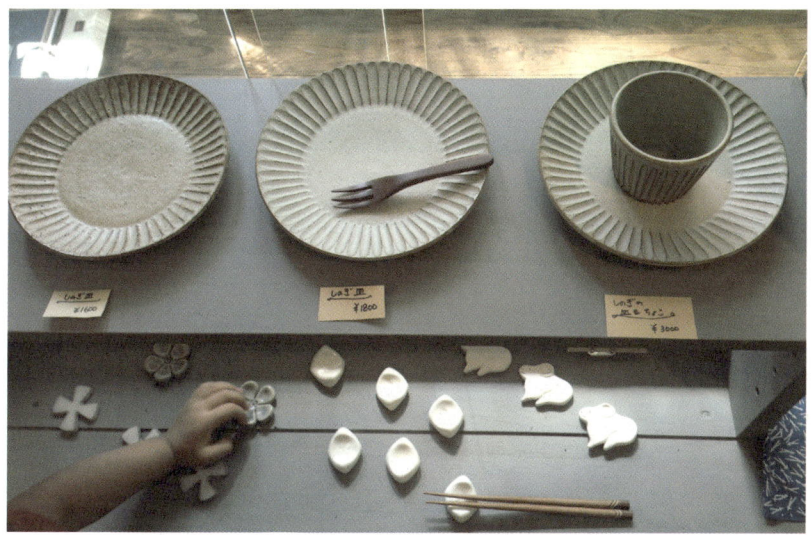

B·C·S 비씨에스

book·cafe·something의 영문 첫 자를 조합해 만든 이름이다. 책book이 있는 카페cafe, 거기에 또 무언가something가 있는 곳이다. 그 무엇인가는 북해도 작가들의 작품을 만날 수 있는 작은 전시일 수도 있고 여행에서 지친 마음을 차 한잔과 함께 조용히 다독일 수 있는 공간의 힘일 수도 있겠다. 작은 공간이지만 오너인 Tsutsmi 씨의 취향으로 모은 예술서적과 중고도서, 엽서, 문구, 테이블 웨어 등 잡화들이 가득해서 천천히 구경하다 보면 탐나는 물건들이 의외로 많다.

札幌市中央区南3条西7丁目7(South3 West7 Chome-7, Chuoku, Sapporo)
open 13:00-20:00(토요일, 일요일 12:00-19:00)
closed 월요일 휴무

1 오픈시간보다 일찍 도착해서 문이 열리기를 기다리며. 2 지역을 대표하는 품질 좋은 디자인을 셀렉하여 판매한다. 3 타카하시 공예의 나무식기와 소품.

D&DEPARTMENT 디앤디파트먼트

삿포로에 오면 제일 먼저 오고 싶었던 곳이다. 마침 『디자인 하지않는 디자이너』를 재미있게 읽었던 터였고 저자 나가오카 겐메이(D&D의 창립자)가 삿포로 출신인 것도 반가웠다. 우리나라에는 가리모쿠 가구와 프라이탁으로 잘 알려져있지만 그 외에도 지역의 산업발전과 작가의 철학, 생산자와 소비자의 교류 등 무형의 가치를 중요하게 여기는 편집매장이다. '롱라이프 디자인' 이 D&D의 모토이다.

1층은 전시와 소품들을 판매하고 2층은 가리모쿠를 비롯한 가구들을 판매한다. 이곳에서 발간되는 일본 여행 안내잡지인 『d design travel』은 일본 여행에 관심있는 사람이라면 추천. 2014년 서울에도 디앤디 8호점이 문을 열었다.

www.d-department.com
札幌市中央区大通西17丁目1-7 (17 Chome-1-7 Odorinishi, Chuo Ward, Sapporo)
open 화요일-토요일 12:00-21:00, 일요일 12:00-20:00
closed 월요일

十一月 십일월

자세히 보지 않으면 지나칠 만큼 작은 간판을 따라 계단을 올라가면 어렸을 때 어느 동네에나 있을만한 낡고 오래된 가게가 나온다. 손때가 묻어 반질해진 커다란 못, 멋드러지게 녹슨 의자, 아빠의 코트와 어울리는 철제 행거 등 오래되었지만 요즘 인테리어와도 충분히 잘 어울리는 소품들이 가지런히 놓여있다.

그렇다고 모두 빈티지용품만 있는 것은 아니다. 캔들 아티스트인 Ayumi hokui 씨의 초를 비롯한 북해도 작가의 작품들을 함께 판매하고 부정기적으로 작은 전시가 열린다. 오너인 Ayai Kuraya 씨는 가게가 많이 알려져서 유명해지는 것보다는 취향에 맞는 손님이 하나둘 방문하는 것에 큰 즐거움을 느낀다고 한다.

www.11gatsu.info
札幌市中央区南1西8丁目5-4 FABcafe 2階
FABcafe 2floor South1 West8 chome 5-4, Cuoku, Sapporo
open 13:00-19:00 closed 월요일, 화요일

북해도 / 삿포로 / 함께 즐길 수 있는 공간 / 십일월, 시에스타

Siesta 시에스타

은은한 비누향이 기분좋은 '시에스타'는 북해도산 재료를 주로 사용하여 만드는 핸드메이드 비누숍이다. 합성 첨가물을 사용하지 않은 천연 비누와 다양한 향수, 목욕 제품, 디퓨저 등이 있다. 또한 지역의 다른 작가들의 작품들도 꾸준히 협연, 전시, 판매를 하고 있다. 정기적으로 원데이 클래스가 열리는데 일본어가 가능하다면 한국인도 언제든 환영이라고 한다.

www.siestalabo.com
札幌市中央区南1条西12丁目4-182 ASビル1階
ASBuilding, South 1 West 12 chome 4-182, Chuoku, Sapporo
open 11:00-19:00 closed 화요일
아뜰리에 모리히코와 같은 건물에 위치한다.

오너인 Ayako Tsukeshiba 씨.

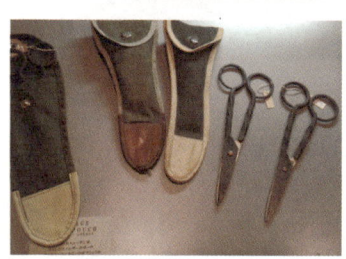

북해도 / 삿포로 / 함께 즐길 수 있는 공간 / 패뷸러스

Fabulaous 패뷸러스

오도리 공원, 텔레비타워에서 조금만 더 동쪽으로 가면 만날 수 있는 멋드러진 편집매장. 크게 두 개의 공간으로 나누어지는데 안쪽은 옷과 소품을 판매하는 편집숍이고 바깥쪽은 간단한 식사와 음료를 판매하는 카페이다. 숍에서는 60VISION의 다양한 시리즈들과 D-BROS의 안경, postalco의 가죽지갑, typographed의 편지세트 등 일본을 비롯한 유럽권의 세련된 인테리어 소품과 스텐셔너리를 폭넓게 판매한다. 디자인에 관심있는 지인, 남자친구(남편) 또는 자신만을 위한 선물을 구입하기에 적합한 곳이다.

카페에서는 간단한 식사와 음료를 즐기고 비치된 잡지를 보며 다음 여정을 계획하는 것도 추천.

www.rounduptrading.com
札幌市中央区南1条東2-3-1 NKC ビル 1F
1F NKC Bld, 3-1 South1 East2, Chuoku, Sapporo
open 11:00-21:00. 오도리역 34번 출구 도보 5분

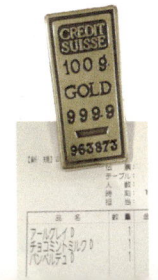

One feet one-sun cap Boston 가방.
클래식한 분위기의 여행용 가방.
Wallpaper City Guide Sapporo에
소개되면서 인기가 더욱 높아졌다고 한다.

삼각형 모양의 동전지갑.

차분하면서도 친절한 쿠사카 씨 부부.
아케이드 다누키코지 서쪽 방향으로 작
은 횡단보도 건너에 위치한 쿠사카 회
사는 공방과 숍을 겸하고 있다.

Kusaka 쿠사카 회사

무엇이든 쉽게 구입하고 빠르게 소모되어버리는 요즘. 작은 물건이라 할지라도 좋은 재료를 사용하여 하나부터 열까지 정성을 다하여 만드는 것. 그것이 바로 작품이고 그런 사람이 장인이다.

대학에서 현대 미술을 전공한 Kusaka Koushi 씨는 독학으로 가죽제품을 만들기 시작했고 1995년에 공방 겸 숍을 오픈했다. 유행에 따르지 않고 몇 세대에 되물림할 수 있는 품질 좋은 가죽 제품을 만드는 게 그의 신념이다. 덕분에 그는 장인이라 불리며 많은 고정 마니아가 생겼고 도쿄와 런던에서도 구매가 이어질 정도로 인지도를 쌓았다.

구사카 회사는 Buttero 가죽(손으로 정교하게 만들어진)과 에조시카(エゾシカ) 북해도에서 서식하는 사슴의 일종의 가죽을 주로 사용하고 있다. 지갑과 액세서리는 D&D 삿포로점에서도 판매중이다.

www.kusaka.net
札幌市中央区南3条西8丁目7-3(South3 West 8 Chome 7-3 Chuoku, Sapporo)
open 11:00-19:00 closed 수요일, 목요일

Kanariya 카나리야 본점

다양한 패브릭과 수공예 용품을 판매하는 백화점으로 4층으로 구성되었다. 패브릭의 경우 베이지 오가닉 원단부터 수입 원단 마리메꼬, 리버티, 핀라손, 일본 작가들의 브랜드 등 여러 종류와 다양한 가격대의 제품이 구비되어있다. 원데이클래스가 수시로 열리며 토요일에는 키즈클럽도 있으니 아이와 함께 참여해도 좋은 경험이 될 것이다.

www.kanariya.co.jp
札幌市中央区南1条西2丁目(South1 West2, Chuoku, Sapporo)
open 10:00-20:00

핀란드의 국민 캐릭터 무민은 CoCCA for moomin collection으로 일본 제작 원단이다.

북해도 음식들

니조이치바 니조 시장

민소에게 '쎈빠이선배' 라는 단어를 뇌리에 깊숙이 각인시켜줬던 일본 드라마 〈노다메 칸타빌레〉. 남자 주인공인 치아키가 북해도에 간다고 하자 노다메는 자신이 좋아하는 북해도 특산품을 많이 (매우 많이) 사오라면서 최면을 건다. 성게, 털게, 대게, 멜론 등을 시장에서 잔뜩, 단어 그대로 잔~뜩 사오는 장면을 보며 나도 북해도에 가면 원없이 대게를 먹을 수 있을 것 같아 입맛을 다셨었다. 오도리역에서 동쪽(TV타워 방면)으로 7, 8분 정도 걸으면 파란 천막들이 펄럭이는 니조 시장(니조이치바)이 보인다. 생긴지 100년 정도 되었고 북해도의 3대 시장 중 하나라는 명성에 비하면 조금 작은 규모였다. 기대했던 대게, 털게가 탐나긴 했지만 해먹을 엄두가 나지 않았다. 대신 과일상점에서 아이들이 좋아하는 체리를 한봉지 샀다.

札幌市中央区南3条東1丁目8 二条市場内
South3 East1 chome 8, Chuoku, Sapporo
open 07:00-18:00 점포에 따라 다를 수 있음

たけ江鮨 타케에 스시

니조 시장 안에 위치한 작은 가게. 이곳을 찾아가는 길에 크고 사람이 많은 가게 TV에 소개되었다는 사진도 붙어있는도 보였지만 그런 곳보다는 골목에 숨어있는 타케에 스시에 더 관심이 갔다. 식사를 마친 후 나의 예감이 틀리지 않았다는 것에 기뻐했다. 자리가 3석 밖에 없어서 서서 먹거나 기다렸다가 먹는 사람들도 있었다. 우리가 주문한 것은 스시세트와 카이센동. 밥 위에 연어, 성게알, 가리비, 참치, 오징어, 새우 등이 사이좋게 놓여있는 카이센동은 북해도의 대표음식이기도 하다. 처음엔 단촐한 비주얼에 조금 실망했지만 막상 먹으니 생각보다 양이 많아서 전혀 부족함을 느끼지 못했다. 원래 알류는 비려서 못 먹는데 어찌나 신선한지 한 톨도 남김없이 싹싹 비웠다. 오전에는 Sachiro 씨 부부가 오후에는 아들인 Yoji 씨 부부가 운영을 한다. 인심도 좋아서 식사 도중 연어, 참치뱃살 등을 서비스로 네 차례나 계속 아이들 밥위에 얹어 주셨다.

札幌市中央区南3条東1丁目8 二条市場内
South3 East1 Chome 8, Chuoku, Sapporo
open 08:00-17:00 점심 영업, 일요일 영업

soup curry yellow 스프 카레 옐로우

실내가 어두워서 아이들과 함께하기에 쾌적한 장소라고는 말할 수 없지만 젊은이들에게는 확실히 인기있는 스프카레 집이다. 압력솥을 사용하여 진한 스프와 큼지막한 야채가 어우러진 제대로 된 스프카레를 맛볼 수 있다. 추천메뉴는 치킨채소카레.

www.yellow1996.com
札幌市中央区南3条西1丁目12-19 エルムビル1階
South3 West1 Chome 12-19, Chuoku, Sapporo
open 11:30-22:00 평일 4시까지 런치타임 가격 적용

Pippin d&d카페

단품음식이 주를 이루는 일본에서 반찬 있는 집밥이 먹고 싶어서 여러 번 찾아간 곳이다. 편집디자인 숍으로 유명한 d&d매장 안에 위치하고 있다. 식사가 가능하고 메뉴는 계절음식 3가지 정도로 일주일에 한 번씩 교체된다. 북해도는 패밀리 식당이 아니라도 어디든 어린이 식기가 준비되어있고 주문을 하면 제일 먼저 세팅해주는 것도 어린이 식기였다. Pinpin은 나무 식기가 인상적이었다. 물론 간단한 음료나 커피만 마시는 것도 가능하다. 깔끔한 인테리어에 가구는 가리모쿠60, 식기는 북해도 지역을 대표하는 브랜드로 모두 d&d에서 구입가능했다.

www.pippin-style.com
札幌市中央区大通西17丁目1-7 D&DEPARTMENT PROJECT SAPPORO by 3KG内
open 12:00-22:00 점심 영업, 일요일(12:00-21:00)
closed 월요일

니조 시장을 구경한 후 오도리 공원에 갔다. 며칠 전부터 민소에게 약속했던 구운 옥수수를 사주기 위해서였다. 근처에 서성이는 비둘기를 보고 민유는 짹짹새라며 반가운 표정으로 먹던 옥수수를 떼어서 비둘기쪽으로 던졌다. 처음에 한두 마리였던 비둘기는 순식간에 몇 배로 불어났고 민소는 비둘기가 가까이 오자 기겁을 하며 자리에서 일어났다. 처음엔 비둘기를 좋아했던 민유도 언니를 따라서 소리를 지르고 도망을 쳤다. 두 딸들의 호들갑에 주위의 이목은 모두 우리에게 집중되어서 순간 "난 애들 엄마가 아니랍니다"를 외치며 외면하고 싶었다.

북해도 / 삿포로 / 북해도 음식들 / 옥수수, 징기스칸

아이와 함께 저녁식사 시간에 가면 사람이 너무 많아서 힘들다. 오픈 시간 15분 전에 가서 기다렸다가 첫 손님으로 먹는 것을 추천.

だるま 本店 징기스칸 다루마

여행을 마치고 집으로 돌아온 후 민소는 북해도에서 제일 그리운 것이 바로 부드러운 양고기 구이인 징기스칸이라고 했다. 여행 전부터 유명하다는 말은 들었지만 먹으러 갈 생각은 없었다. 양고기를 좋아하지도 않거니와 고기 굽는 연기며 좁은 식당이 아이들과 함께 가기엔 적합하지 않다고 생각했다. 그런데 스시를 비롯해서 몇몇 음식을 가리는 민유에게 영양보충으로 육질을 좀 먹여야겠다는 생각이 들었다.

삿포로역에 위치한 인포메이션 센터에서 물어보니 가장 무난한 곳은 '다루마'이며 현지인들이 많이 찾는 곳은 따로 있는데 그곳은 서서 먹어야한다고 했다. 아이들과 함께이니 당연히 의자가 있는 '다루마'로 낙점. 작은 가게였지만 시스템이 잘 되어있고 한국어 메뉴판이 있어서 편했다. 주문도 하기 전에 민유에게 어린이 식기를 주는 것도 마음에 들었다.

물론 징기스칸이 북해도 여행 중 민유가 가장 좋아한 음식이 된 건 말할 것도 없다.

www.best.miru-kuru.com/daruma
札幌市中央区南五条西4 クリスタルビル1F (South5 chrome4 Jōnishi Chuoku, Sapporo)
open 월-목 17:00-3:00 / 금-토 17:00-5:00 / 일 17:00-1:00

24 자매의 시간 기차에서

사실 기차에서도 잠깐이지만 아이들이 사라진 적이 있었다. 비에이에서 삿포로로 돌아오는 길. 민유는 아침부터 기차, 버스, 기차를 번갈아 타는 것에 지치고 졸렸는지 오후부터 짜증을 내기 시작했다. 아사히카와에서 마지막 기차에 탑승할 무렵에는 드디어 승차거부를 하는 사태에까지 이르렀다. 그냥 여기서 자겠다고, 여기서 살겠다고 고집을 부렸다.
나도 지쳐서 쩔쩔매고 있는데 민소가 차분한 목소리로 민유를 달랬다.
"언니랑 저기(기차역 끝)에 뭐가 있는지 보고 올까?"
의외로 엄마말은 전혀 듣지 않던 민유가 잠시 고집을 꺾고 언니의 제의에 순순히 따랐다. 삿포로로 돌아오는 기차안에서 민유는 또다시 내리고 싶다며 울상을 지었다. 민소는 그런 민유를 데리고 다른 칸을 구경하고 오겠다며 자리에서 일어났다. 나는 조용히 다녀오라는 주의를 주고 잠시 휴식을 취하고 있었다. 그런데 5분이 지나도 10분이 지나도 아이들이 돌아오지 않았다. 놀란 마음에 벌떡 일어나서 앞칸에 갔는데 애들이 없었다. 뒷칸에도 없었다. 이번에는 화장실에도 없었다. 또다시 찾아온 멘붕에 여기저기 애들을 찾고 있는데 뒤쪽에서 조그마한 소리로 누군가 "엄마"하고 불러서 쳐다보니 우리 애들이었다.
"엄마, 우리 아까부터 여기 있었어."
"뭐하고 있었어?"
"여기 앉아서 내가 민유에게 이야기 해주고 있었는데?"

민소야, 엄마 순간 10년은 더 늙은 것 같아.

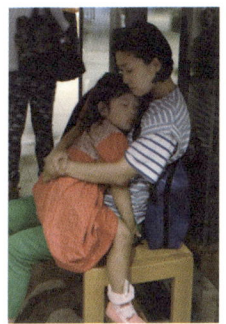

25 자매의 시간 여행을 통해 부쩍 자란 아이들

민소와 민유는 여덟 살 차이.
민소의 2학년 여름방학 끝자락에 민유가 태어났다. 처음에 민소는 민유를 끔찍이도 아꼈다. 학교가 끝나기 무섭게 아기가 보고 싶다며 부리나케 집으로 달려오고 민유를 웃게 하기위해 남들 앞에선 쑥스러워서 하지않던 노래와 댄스도 거침없이 펼쳤다. 그렇지만 그런 호연도 민유가 말을 하고 자기의사를 확실하게 표현하면서부터 점차 사라졌다. 둘째여서 그런지 언니에 대한 질투심이 많고 엄마의 사랑을 독점하려는 민유, 항상 자기 것을 빼앗으려하고 엄마만 좋아하는(또한 독차지하려는) 동생이 못마땅한 민소.
그렇게 평소에는 나이 차 만큼이나 관심사도 성격도 달라서 융합하지 못했던 아이들이 여행을 오니 의외로 죽이 척척 맞았다. 집에서는 엄마만 찾고 언니는 그저 경쟁과 질투의 대상으로 여겼던 민유는 '북해도 24시간 밀착 생활'을 통해 언니에게 동지애를 느꼈던 모양이다. 내가 야단을 칠 때면 언니에게 쪼르르 달려가서 엄마 흉을 보기도 하고 잠을 잘 때도 나보다 민소를 먼저 찾았다. 민소는 여행 중 기다림이 지루한 시간에는 민유를 모델 삼아 그림을 그려주고 이야기를 해주고 업어주고 안아주기까지 했다. 북해도 여행 초기에 엄마가 동생만 안아주는 것에 큰 불만을 토로했는데 어느덧 힘든 엄마를 이해하고 자신이 직접 동생을 안아주는 듬직한 언니로 변모해 있었다.
아이들은 이번 북해도 여행을 통해 시나브로 조금씩 가까워진것 같다. 무엇보다 서로를 한 편으로 여기는 것. 그것이 이번 여행의 가장 큰 수확이 아닌가 싶다.

북해도 / 삿포로 / essay25

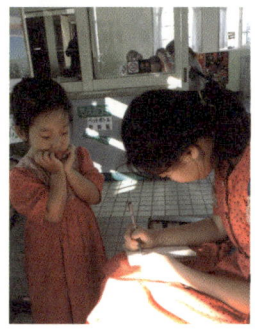

민유야, 너구리 쉬야를 조심해

동서로 길게 뻗은 아케이드 상가 다누키코지를 지날 때면
민유의 유쾌지수는 평소보다 200% 향상된다.
그건 바로 천장 높이 매달려있는 커다란 너구리 풍선 덕분이다.
우연히 이곳을 지나가다가 내가 민유에게
"저기 너구리 배꼽에서 쉬야가 발사될 거야" 하고 말했고
그때부터 민유는 다누키코지가 멀리서만 보여도
뜀박질할 준비자세부터 취했다.
"민유야! 너구리 쉬야를 조심해!"라는 내 지령만 떨어지면 그때
부터
깔깔거리며 쉴 새 없이 달리기를 시작한다.
나 역시 그 모습이 웃겨서 까르르~ 숨이 넘어가고
민소만이 뒤에서 조용히 썩소를 날린다.
아마 속으로는 '민유 넌 아직 어린애구나' 하는 표정으로…

Minso's diary

7월 28일
기차에서 느낀 건데 일본사람들은 정말 친절한 것 같다.
음… 아시아에서 일본사람이 제일 예의바르다고 한다.
아! 그리고 이건 3학년 때 담임선생님께서 해주신 이야기인데
일본사람들은 우리나라 사람들보다 어떤 일을 할 때 더 신중하다고 한다.
이유는 우리나라는 예부터 글을 쓰는 것으로 지위가 정해져서
잘못 쓰면 고칠 수 있지만
일본은 무술로 지위(무사 등등)가 정해져서
잘못 휘두르면 되돌릴 수가 없기 때문에
무슨 일을 할 때 신중하게 행동한다고 한다.

26 집으로 오는 길 우리 동네

민소가 친구들 선물로 다량 구입한 라벤더향 입욕제를 한 봉지 빌려 목욕 준비를 했다. 보라색 거품이 가득한 욕조에서 기분 좋은 민유는 깔깔깔 장난을 치며 내일은 또 어디에 갈 거냐고 물었다.
"내일은 우리 비행기 타고 아빠를 만나러 갈 거야."
낮에 말했는데 그새 또 까먹었나보다.
"싫어, 싫어, 난 계속 계속 여기 있을 거야, 여행이 재밌어, 엄마가 좋아."
정말? 아까 아빠랑 전화통화하면서 엄마가 매일 화만 낸다고, 아빠가 보고싶다고 고자질 하는 거 다 들었는데…
여행이 아쉽기는 민소도 마찬가지인가보다. 친구들과 선생님 드릴 선물을 챙기며 날마다 공원에 가는 것도 즐거웠고 맛있는 디저트와 도시락도 좋았는데 이제 더 이상 먹을 수 없다는 것에 슬퍼했다(아마 이제 다시 학원에 가야하고 공부를 해야하는 것도 싫겠지).
"자, 자, 이제 잠자리에 들 시간이야. 빨리 자야지 일찍 일어나서 조식을 먹을 수 있단다."

애들아, 아쉬움이 조금 남을 때 끝내는 것이 여행의 묘미란다. 그래야 다음에 또 올 수 있지.

다음날, 서울로 돌아오는 비행기에서 민유가 물었다.
"엄마, 우리 동네 언제 도착해?"
"아빠가 지금 우리 동네에서 기다리고 있어?"

첫 번째 우리 동네는 우리나라를, 두 번째 우리 동네는 공항을 뜻함.

여행을 마치고 돌아온 후 며칠 뒤에 민유와 친정 제사에 갔다. 그런데 민유를 본 친정식구들이 난리가 났다. 아이 얼굴이 반쪽이 되었다는 둥, 난민촌 아이가 되었다는 둥, 아이를 굶겼냐는 둥… 비쩍 말랐다며 엄마인 나를 질책했다.
하지만 식구들 눈에나 그렇지 다른 사람들 눈에는 전혀 마른 아이가 아니라는 것이 반전.
지금 민유 몸무게는 지극히 정상이라구요.
이제 민유도 제법 많이 자랐다. 어르신들이 걱정하는 것보다 씩씩하게 잘 다녔고 잘 먹었고 떼쓰는 것도 많이 줄었다. 작년 호치민 가족 여행에서는 '여행'이라는 단어도 모르던 아이였는데 이제 친척들에게 여행의 소감을 말할 정도로 표현력이 좋아졌다.
또 그 전까지는 엄마와 한 방을 쓰던 애가 여행을 마친 후 드디어 혼자 자게 되었다.
이번 여행의 가장 고마운 점 중 하나이다.

신치토세 공항. 에조 퍼즐(EZO PUZZLE) 하세가와 진 작품.

Present for us

B.C.S에서 구입한 향초.
캔들 아티스트인 Ayumi hokui 씨
의 작품이다.

라벤더향의 천연 핸드메이드 비누.
시에스타에서 구입.

신선한 커피콩으로 유명한 모리
히코의 드립 커피.

사비타의 도기 그릇들. 1 이호시 유미코(Iihoshi yumiko)의 유기적이면서 담백한 그릇.
같은 디자인이라도 중량과 모양이 조금씩 다르다. 2 3 사비타에서 자체 제작한 그릇들.

삿포로 히스토리 쿠키. 삿포로의 랜드
마크 모양의 쿠키가 담겨있다.

금색 가위는 오타루의 Vivre Sa
Vie+mi-yyu에서 구입. 아래 손
잡이에 꼬임이 특징인 주물 가위는
삿포로의 Fabulaous에서 구입.

북해도 / Present for us

오타루 오르골당에서 구입한 사과모양의 은색 오르골.

쿠사카 회사에서 구입한 세모 동전지갑. 튼튼하고 이음새와 그립감이 좋다.

오타루 수제 공방에서 만든 민유의 오르골. 토토로 음악에 자기가 좋아하는 귀여운 장식들로 꾸몄다. 꾸미고 남은 장식품은 언니에게.

민소의 런던 스타일 오르골. 음악은 My way(전혀 영국스럽지 않지만). 런던이 연상되어 고른 시계탑은 오타루의 상징물인 오르골당 앞 시계탑이었다.

아이들과 함께 고른 아빠 선물은 스위스의 재활용 브랜드인 프라이탁 Freitag 가방.

B.C.S에서 구입한 꽃모양 접시는 민유 인형침대로 변신.

아빠 선물 하나 더. 빨간 운동화. 영국 버버리사의 라이센스 브랜드인 버버리 블랙라벨.

이사무 노구치의 '아카리(Akari)' 조명. 건축, 무대디자인, 공간디자인, 가구디자인 등 다방면에서 두각을 드러냈던 노구치가 디자인한 조명이다. 어부들이 사용하는 종이 초롱에 영감을 받아 디자인했다. 종이를 투과한 빛이 은은하면서도 따뜻하다.

일본에 올 때마다 하나, 둘 사 모으는 리카인형. 민유의 친구들.

여행지에서 구입한 식기는 현지에서 그날 바로 사용을 하는 편이다. 직접 만든 음식도 그렇지만 사온 음식이라도 어디에 담아 먹느냐에 따라 맛도 기분도 달라지기 때문.

1 사비타의 도자기 식기. 2 D&D에서 구입한 나무 식기. 타카하시 공예의 kami, cara 시리즈. 아사히카와에서 자라는 나무로 만들었다.

집으로 돌아와서 가장 먼저 하는 것은 스크랩북 만들기. 잊어버리기 전에 빨리 붙이고 짤막하게나마 메모하기. 1 민소가 만든 스크랩북. 2 내가 만든 스크랩북.

Epilogue

아이들과 북해도 여행을 다녀온 후 우리들은 삿포로, 곰목장, 양고기, 미끄럼틀에 대한 이야기를 자주 했다. 겨울에는 꼭 아빠랑 다시 가자고 했다. 그렇지만 그 약속은 지키지 못했다. 막상 겨울이 되니 따뜻한 곳이 그리워졌고 민유가 한참 디즈니 만화영화에 빠져있을 때라서 가족 여행지를 디즈니랜드가 있는 홍콩으로 정했기 때문이다. '휴가없이 일년 내내 열심히 일한 아빠를 위해서'가 이번 여행의 제목이었지만 실상은 그렇지 못했다. 아이 둘을 데리고 복잡하고 바쁜 도시 홍콩을 여행하고 돌아오니 한적했던 북해도가 더욱 그리워졌다.
북해도였다면… 노보리베쓰에서 온천을 하고 한가하게 공원을 거닐고 애들 좋아하는 우동과 달콤한 디저트를 먹으며 남편도 편히 쉬다 왔을지도 모른다는 생각이 들었다. 물론 저녁에는 애들 재우고 야끼도리를 안주 삼아 삿포로 맥주도 한잔 마시면서…

이번 책을 쓰기 시작하면서 사진이 많이 부족하다는 것을 알았다. 다행히도 삿포로는 가깝고 저가항공을 이용하면 가격도 저렴해서 한 번 더 다녀오기로 했다. 이번에는 사진과 정보를 목적으로 가는 것이라서 연휴가 많은 5월에 일주일간 민소랑만 다녀오기로 했다. 상반기 티켓이 오픈되자마자 빛의 속도로 티켓예약을 한 후 즐거움의 환호성을 질렀는데… 맙소사! 알고보니 여행을 떠나는 첫 날이 민소 중간고사 마지막 날과 겹치는 것이다. 이런 꼼꼼하지 못한 엄마가 있나. 그럼 민소 티켓의 환불 수수료가 아까우니 민유랑 가야겠다고 결정하고 항공사에 문의를 했는데 양도가 불가능하다는 것이다. 위약금을 물고 같은 날짜의 티켓을 끊는 것은 가능하냐고 물으니 현재 대기자 수가 많아서 그것 역시 안된다고 했다.
혼자 갈까? 혼자 가서 맘껏 자유부인이 될까? 친구나 여동생에게 같이 가자고 말할까?
어떻게 할지, 누구랑 가는 것이 가장 좋을지, 고민을 하는데 신기하게도 '민소' 라는 결론이

났다. 서로를 잘 알고, 취향이 맞고, 서로를 배려할 수 있는 가장 훌륭한 여행 파트너가 바로 민소였다. 어떻게 방법이 없을까 고민하다가 남편이 대한항공 마일리지가 조금 있다면서 삿포로행 편도만 이틀 후로 예약을 하자고 했다(연휴기간이라 바로 다음날은 자리가 없었다). 내가 먼저 가서 있으면 이틀 후에 민소가 합류하는 것으로 결론을 냈다.

여행 날짜가 코앞으로 다가오자 혼자 비행기를 타고 삿포로에 올 민소가 걱정되었다. 중학생이 된 민소는 아직까지 혼자 버스를 타본 적도 없었다. 남편은 항공사 내 청소년 케어서비스를 신청하자고 했다. 10달러 정도 비용을 지불하면 출발 전 보호자로부터 도착 후 보호자에게까지 안내해주는 서비스이다. 그것이 좋겠다 싶어서 민소에게 의사를 물었는데 의외로 민소는 고개를 내저었다.
"혼자 갈 수 있을 것 같아."
걱정도 되지만 한편으로는 대견하기도 했다. 그렇게 혼자 삿포로에 도착해서 이틀을 보냈다. 혼자면 마냥 편하고 자유로울 줄 알았는데 아이를 기다리는 시간은 생각보다 지루하고 걱정스러웠다. 민소는 전화로 중간고사는 아주 풀죽을 쒔다는 말을 했다. 평상시였다면 '요 녀석, 야단 좀 쳐야겠다'고 생각했겠지만 이번엔 달랐다. 그냥 무사히 잘 만나면 좋겠다는 심정뿐이었다.
출국심사, 입국심사도 잘하고 기류가 안정적이어서 비행도 무탈하게 잘 되면 좋겠다. 그렇게 마음속으로 기도하며 공항에서 민소를 기다렸다. 비행기가 연착되어 도착 시각은 예정시간보다 20분이나 늦었다. 기다리는 시간은 더디기만 했다. 도착홈의 문이 열리고 사람들이 한 명, 두 명 나오는데 등 뒤에서 누가 "엄마"하고 외쳤다.
"엄마, 나 빨리 나왔지?"
에궁. 이틀만에 보는데 왜 이렇게 반갑니?
무사히 잘 와서 참 고맙다. 건강하게 잘 자라줘서 참 고맙다.
항상 웃는 얼굴로 엄마를 불러줘서 참 고맙다.

Index

Park&Playground
P038 시로이 코이비또 파крーク www.shiroikoibitopark.jp 札幌市西区宮の沢 2-2-11-36
P050 오도리 공원 www.sapporo-park.or.jp/odori 札幌市中央区大通西1～12丁目
P056 나카지마 공원 www.sapporo-park.or.jp/nakajima 札幌市中央区中島公園1
P057 소세이가와 공원 www.sapporo-park.or.jp/sousei 札幌市中央区(創成川通)北1条～南4条
P058 지사공관 http://bit.ly/chijikoukan 札幌市中央区北1条西16丁目
P060 모에레누마 공원 www.sapporo-park.or.jp/moere/korea.php 札幌市東区モエレ沼公園1-1
P066 아르테 피아짜 www.artepiazza.jp 北海道美唄市落合町栄町
P088 마루야마 동물원 www.city.sapporo.jp/zoo 札幌市中央区宮ケ丘3番地1
P146 곰농장 www.bearpark.jp 北海道登別市登別温泉町224番地

Gallery
P076 북해도립 근대미술관 www.aurora-net.or.jp/art/dokinbi 札幌市中央区北1条西17丁目
P084 미야노모리 미술관 札幌市中央区宮の森2条11-2-1
P133 다쿠신관 北海道上川郡美瑛町拓進

Shop
P082 사비타 www.sabita.jp 札幌市中央区北1条西28丁目2-35 MOMA Place
P085 프레스 札幌市中央区南3条西26丁目2-24 もみの木SO 2F
P156 비브레 사 뷔 플러스 미유 小樽市色内2丁目4-7
P160 오타루 오르골 본당 www.otaru-orgel.co.jp 北海道小樽市住吉町4-1
P168 무인양품 www.muji.com / www.stellarplace.net 札幌市中央区北5条西2丁目
P169 도큐한즈 www.sapporo.tokyu-hands.co.jp 札幌市中央区南1条西6丁目4-1 ニッセイ札幌南一条ビル
P169 빅 카메라 www.biccamera.co.jp 札幌市中央区北5条西2丁目-1
P170 아쿠타스 키즈 www.actus-interior.com / www.inzone.jp 札幌市中央区北三条西4-1-1 日本生命札幌ビル 1F
P170 일룸스 札幌市中央区北三条西4-1-1 日本生命札幌ビル 2F
P171 B.C.S 札幌市中央区南3条西7丁目7
P173 디앤디파트먼트 www.d-department.com 札幌市中央区大通西17丁目1-7
P174 십일월 www.11gatsu.info 札幌市中央区南1西8丁目5-4 FABcafe 2階
P175 시에스따 www.siestalabo.com 札幌市中央区南1条東12丁目4-182 ASビル1階
P177 패뷸러스 www.rounduptrading.com 札幌市中央区南1条東2-3-1 ＮＫＣビル 1F
P179 쿠사카 회사 www.kusaka.net 札幌市中央区南3条西8丁目7-3

Market
P049 다이마루 식품관 札幌市中央区北5条西4丁目7番地
P048 기타키친 さっぽろ地下街オーロラタウン小鳥の広場向い
P049 마루야마 백화점 델리 札幌市中央区南1条西27丁目1-1
P180 니죠 시장 札幌市中央区南3条東1丁目8 二条市場内

Workshop

- P120 후라노 치즈농장 www.furano.ne.jp/furano-cheese
- P042 시로이 코이비또 파크 札幌市西区宮の沢 2-2-11-36
- P169 도큐한즈 www.sapporo.tokyu-hands.co.jp 札幌市中央区南 1 条西 6 丁目 4－1 ﾆﾂｾｲ札幌南一条ﾋﾞﾙ
- P153 오르골 수제 공방 www.otaru-orgel.co.jp 北海道小樽市入船1丁目1-5
- P179 카나리야 본점 www.kanariya.co.jp 札幌市中央区南西2丁目

Food&Cafe

- P080 반스 www.barnes-web.com 札幌市中央区宮の森1条11丁目1-14
- P080 제트세트 www.jetsetharaiso.blog58.fc2.com 札幌市中央区大通西22丁目1-7
- P086 모리히코 www.morihiko-coffee.com 札幌市中央区南1条西12丁目4-182
- P095 삿포로 스위츠 카페 www.sapporo-sweets-cafe.jp 札幌市中央区大通西2丁目札幌地下街オーロラタウン内
- P096 벤베야 www.benbeya.jp 札幌市中央区南1条西2丁目 丸井今井札幌大通館地下2階
- P096 노던 테라스 다이너 www.grand1934.com/rest/terrace 札幌市中央区南西4丁目
- P097 키노 카페 www.theaterkino.net 札幌市中央区狸小路6丁目南3条グランドビル2F
- P097 고디바 www.godiva.co.jp 札幌市中央区北三条西4-1-1 日本生命札幌ビル 1F
- P156 프레스 카페 www.presscafe.biz 北海道小樽市色内、3丁目 3-21
- P157 버드 케이지 카페 www.uguis.sakura.ne.jp
- P159 화이트 카페(오카가와 파마시 내) www.re-okagawapharmacy.info 北海道小樽市若松1-7-7
- P161 기타이치 가라스 홀 www.kitaichiglass.co.jp/shop/kitaichihall.html 小樽市堺町7-26 北一硝子三号館
- P176 패뷸러스 www.rounduptrading.com 札幌市中央区南1条東2-3-1 ＮＫＣビル 1F
- P181 타케에 스시 札幌市中央区南3条東1丁目8 二条市場内
- P181 스프 카레 옐로우 www.yellow1996.com 札幌市中央区南3条西1丁目12-19 エルムビル1階
- P183 Pippin www.pippin-style.com 札幌市中央区大通西17丁目1-7 D&DEPARTMENT PROJECT SAPPORO by 3KG内
- P185 징기스칸 다루마 www.best.miru-kuru.com/daruma 札幌市中央区南五条西4 クリスタルビル1F
- P082 사비타 카페 札幌市中央区北1条28丁目2-35 MOMA Place

Etc

- P167 기노쿠이야 서점 札幌市中央区北5条西5-7 Sapporo55
- P160 오타루 오르골당 본관 www.otaru-orgel.co.jp 北海道小樽市住吉町4-1
- P142 지옥계곡 北海道登別市登別温泉町
- P118 팜 도미타 www.farm-tomita.co.jp 北海道空知郡中富良野15号
- P179 카나리야 본점 www.kanariya.co.jp 札幌市中央区南1条西2丁目
- P143 다이이치 타키모토칸 www.takimotokan.co.jp 北海道登別市登別温泉町55
- P159 오카가와 파마시 www.re-okagawapharmacy.info 北海道小樽市若松1-7-7

저녁 산책은 나카지마 공원에서

비에이 꽃밭에 꽃 두 송이 추가

북해도에서 만난 샤갈아저씨

민자매가 좋아했던 달콤한 벤베야 케이크

개구쟁이 민유

여기는 삿포로의 시계탑

달리기는 잘하면서 걸을 땐 다리가 아프다며 안아달래요

공원에서 만난 떼쟁이 쌍둥이
"민유야, 네 친구들이니?"

상쾌한 북해도의 아침입니다

초판 1쇄 발행 2014년 07월 10일
글과 사진 _ 조인숙
일러스트 _ 조인숙, 김민소
디자인 _ 버튼티
편집 _ 최성덕

펴낸 곳 _ 일삼공
등록번호 _ 제313 _ 2010 _134호 등록날짜 _ 2010년 05월 01일
주소 _ 서울특별시 마포구 월드컵로 12안길 2F
전화 _ 02 338 8130
팩스 _ 0505 115 8130
판매가 _ 13800원
블로그 _ www.blog.naver.com/ins4

ISBN _ 978 89 964525 6 0 13910

이 책은 저작권자와의 계약에 따라 일삼공 출판사가 출판하였습니다.
이 책은 저작권법에 따라 보호받은 저작물이므로 무단 전재와 무단 복제를 금지하며,
이 책 내용의 전부 또는 일부를 이용하려면 저작권자와 일삼공 출판사의 동의를 받아야 합니다.
파본이나 잘못된 책은 구입처에서 교환해드립니다.